Wenn Frauen Kirchen leiten

T0145716

T V Z

Beiträge zu Theologie, Ethik und Kirche

Herausgegeben vom Schweizerischen Evangelischen Kirchenbund SEK durch das Institut für Theologie und Ethik ITE, Christoph Stückelberger

Wenn Frauen Kirchen leiten

Neuer Trend in den Reformierten Kirchen der Schweiz

Mit einem Vorwort von Bundesrätin
Micheline Calmy-Rey

Herausgegeben von Claudia Bandixen,
Silvia Pfeiffer, Frank Worbs

TVZ
Theologischer Verlag Zürich

Das Buch entstand auf Initiative der Reformierten Landeskirche Aargau.
Verlag und Herausgeber danken für die finanzielle Unterstützung.

Die Deutsche Bibliothek – Bibliografische Einheitsaufnahme

Die Deutsche Bibliothek verzeichnet diese Publikation in der Deutschen
Nationalbibliografie; detaillierte bibliografische Daten sind im Internet über
<http://dnb.ddb.de> abrufbar.

Umschlaggestaltung
www.gapa.ch gataric, ackermann und partner, Zürich

Satz
Markus Tschanz, Thun

Druck
ROSCH-BUCH GmbH, Scheßlitz

ISBN 978-3-290-17388-3
2. Auflage 2007
© 2006 Theologischer Verlag Zürich

Inhaltsverzeichnis

Zum Geleit

Bundesrätin Micheline Calmy-Rey

Die reformierten Kirchen der Schweiz dürfen bezüglich Gleichstellung eine Bilanz ziehen, von der Wirtschaft und Politik nur träumen können: Bereits 1980 verfügten zwei Kantonalkirchen, Aargau und Genf, über Frauen als Präsidentinnen und leisteten damit europaweit – möglicherweise weltweit – Pionierarbeit in Sachen Frauen in kirchlichen Leitungspositionen. Heute ist das Präsidium in mehr als einem Drittel der Kantonalkirchen in Frauenhand. Diese Bilanz ist bemerkenswert – und sie soll bemerkt werden – weil sie in verschiedener Hinsicht quer zur Strömung liegt.

Religion, nicht nur islamischer, sondern auch christlicher Herkunft, prägt derzeit das Bewusstsein der Öffentlichkeit weniger als befreiende Kraft denn als Quelle von Fundamentalismus und Frauenfeindlichkeit. Das umstrittene Buch über den Da Vinci Code gibt zudem denjenigen Stimmen Auftrieb, welche die Geschichte der christlichen Kirchen als Geschichte der Unterdrückung des Weiblichen schlechthin lesen. Tatsächlich haben Frauen auch in den reformierten Landeskirchen weiterhin mit patriarchalischen Strukturen zu kämpfen. Obwohl sie und die von ihnen geleistete Freiwilligenarbeit die unverzichtbare Basis der Kirche bilden, haben sie Mühe, ihren Stimmen Gehör zu verschaffen und für ihre Anliegen Unterstützung zu finden. Bedeutet die Selbstverständlichkeit, mit der Frauen in dieser Kirche inzwischen Führungspositionen einnehmen eine Wende? Die Wende hin zu einer Kirche als Ort der Frauenmacht?

Bemerkenswert auch, dass es die Schweiz ist, in welcher reformierte Kirchen eine Vorreiterrolle für Frauen in Führungspositionen wahrnehmen können. Zwar ist die Schweiz stolz auf ihre lange demokratische Tradition. Doch brauchte sie übermässig lange, auch Frauen als Teil des Volkes anzuerkennen: Erst 1971, reichlich spät im europäischen Vergleich, erhielten die Schweizerinnen das Recht zur politischen Mitbestimmung. Sehr viel Zeit liess sich die Schweiz zum Beispiel mit der gesetzlich verbrieften Partnerschaft auch in der Ehe oder mit einer Mutterschaftsversicherung.

Wie kommt es, dass ausgerechnet in der Schweiz, auf einem für Gleichstellung eher steinigen Boden, so viele Kantonalkirchen von Frauen geleitet werden?

Die in diesem Band zusammengefassten Berichte deuten einige Antworten an – und sie machen Mut: So vieles ist möglich! Mit Nicole Fischer-Dûchable etwa wählte die reformierte Landeskirche Genf als zweite Landeskirche eine Frau, die nicht Theologin war, zu ihrer Präsidentin! Die Geschichte gerade dieser Pionierin zeigt in ihrer Einzigartigkeit etliche Elemente, denen wir in den Biografien prominenter Frauen in der Kirche immer wieder begegnen: Die Hartnäckigkeit beispielsweise, mit welcher der Weg gegangen, der rote Faden immer wieder aufgenommen wird; das Wissen darum, dass die Kirche mit der Gleichstellung von Frauen und Männern eine unumgängliche Aufgabe zu lösen hat, und der Wille, einen Beitrag zur Bewältigung dieser Aufgabe zu leisten; die Rolle der widerspenstigen Tochter, zu oft aufgedrängt von uneinsichtigen Kirchenvätern; ein Interesse nicht nur an anderen sondern auch am Andern, demjenigen jenseits der Landesgrenze: an der internationalen Arbeit, der Arbeit im weltumspannenden Netzwerk der Kirchen und nicht zuletzt: im Netzwerk der Frauen in diesen Kirchen.

Die Schilderungen in diesem Buch machen Mut – und sie werfen Fragen auf. Was bedeuten mehr Frauen in Führungspositionen für das Gesicht der reformierten Landeskirchen? Wird es «weiblicher» werden? Werden Stimmen von Frauen besser gehört werden, ihre Anliegen mehr Unterstützung finden? Noch fehlt Frauen in Machtpositionen oft der Mut, die Macht gezielt auch für die «eigene Sache» zu nutzen. Noch scheuen Frauen oft davor zurück, Netzwerke auch als «Nutzwerke» zu gestalten. Stehen Frauen in kirchlichen Führungsposition hier vor Herausforderungen, die auch vor ihrem innersten Kern, ihrem Selbstverständnis nicht Halt machen?

Bern, Juni 2006

Vorwort der Herausgeber/innen

Ein Charakteristikum der Reformierten Kirchen

Dieses Buch trägt dazu bei, dass die sukzessive Verwirklichung der Gendergerechtigkeit in den reformierten Kirchen der Schweiz langsam *ins Bewusstsein dringt*. Gleichzeitig ist es ein Beitrag zur Profilierung der reformierten Kirchen in der Schweizer Öffentlichkeit und unter den Kirchen. Worin unterscheidet sich die Reformierte Kirche von anderen Konfessionen und Denominationen? Was kennzeichnet ihre Stimme im Chor der christlichen Kirchen?

In vielem beruht sie auf denselben Grundlagen wie andere. Eines aber fällt inzwischen auch bei flüchtiger Betrachtung auf: Immer mehr Frauen vertreten die reformierten Kirchen in der Schweiz sichtbar nach aussen. Nicht nur im Pfarramt sondern vor allem in den Führungspositionen in den Gemeinden und den Landeskirchen. Das ist für das Ansehen und die Glaubwürdigkeit der «Reformierten» ein wesentlicher Punkt. Einer, der diese Kirche von vielen, wenn nicht sogar allen anderen Kirchen abhebt!

Mit kaum einer anderen Eigenschaft kann die Reformierte Kirche neben ihrer demokratischen Struktur sichtbar machen, dass alle ihre Mitglieder, Frauen wie Männer, gleichgestellt sind. Dass sie nicht nur im Prinzip die gleichen Rechte haben, sondern diese auch faktisch bis in die Spitzenpositionen dieser Kirche ausüben.

Aber ganz so weit sind wir noch nicht. Das eigene Hinterfragen geht noch weiter: Was haben wir erreicht? Mit welchen Mitteln? Welche Qualitäten brauchen Frauen in Kirchenleitungen? Welchen Stellenwert hat das allgemeine Priestertum in den Kirchenleitungen bezüglich Geschlechtszugehörigkeit? Es ist festzustellen, dass die leitenden Kirchenfrauen mehrheitlich Nicht-Theologinnen sind, die leitenden Kirchenmänner Theologen. Ferner sind die Kirchenleitungen grosser und finanzkräftiger Kirchen grossmehrheitlich Männerdomänen mit einer Ausnahme: dem Kanton Aargau. Diese statistischen Merkmale mögen Zufall sein – sind aber gleichwohl als Charakteristika wahrzunehmen.

Mit der vorliegenden gesamtschweizerischen Bilanz machen die Schweizer reformierten Kirchen Ernst mit dem reformatorischen Prinzip vom allgemeinen Priestertum und dem Anspruch der Gleichstellung von

Mann und Frau. De jure könnten alle Präsidien sowohl von Männern als
auch von Frauen besetzt werden, nicht alle jedoch von Nicht-Theologinnen und -Theologen – je nach kantonalkirchlicher Gesetzgebung.

Das Buch

In diesem Band sind sehr unterschiedliche Beiträge – durchwegs von
Frauen verfasst – zu verschiedenen Aspekten dieses Themas vereint. Im
Zentrum stehen die zwölf Porträts der Kirchen- und Synodalrats-
präsidentinnen (kurz «Kirchenpräsidentinnen»), die als erste Frau ihre
Kantonalkirche leiteten. Vor den Porträts beschreiben zwei Beiträge, wie
sich die Position der Frauen in den reformierten Kirchen der Schweiz
historisch entwickelt hat und wie es aktuell zur Vernetzung der Führungsfrauen und damit zu diesem Buch gekommen ist und welche Erfahrungen sie in dieser Position verbinden.

Anschliessend an die Porträts wird in einer eher wissenschaftlich aus-
gerichteten Studie die Situation von Frauen in Führungspositionen in
protestantischen Kirchen weltweit analysiert. Daran schliessen Gedanken
über die spezielle Verantwortung der Führungsfrauen im Kontext globa-
ler Ungerechtigkeit an. Den Abschluss bilden drei Beiträge zur Frage
nach reformierter Spiritualität – wie sie von Frauen erlebt wird und wie
sie sich auf ihre Führungsverantwortung auswirken kann.

Das Buch wurde vom Kirchenrat der Reformierten Landeskirche
Aargau finanziert.

Institutionen und Begriffe

Für in kirchlichen Fragen ungeübte Leserinnen und Leser sollen einige
wesentliche Begriffe in diesem Buch erklärt werden: Die umfassende
Bezeichnung für die aus der Reformation des 16. Jahrhunderts hervor-
gegangenen Kirchen bzw. ihre Konfession ist «evangelisch» oder «protestantisch». Zur grossen Familie der evangelischen Kirchen gehören als

eine Gruppe (oder «Denomination») die reformierten Kirchen[1] v.a. in der Schweiz – von denen in diesem Buch die Rede ist. (Je nach Sprachgebrauch «Kirche» oder «Landeskirche». Letzteres ist in einigen Kantonen der Begriff für eine öffentlich-rechtlich anerkannte Kirche.) Daneben bilden die lutherischen Kirchen (v.a. in Deutschland und Skandinavien) weltweit die grösste Gruppe.

Die Kantonalkirchen sind demokratisch aufgebaut mit Parlamenten (Legislative), in der Regel «Synoden», und kollegialen Führungsbehörden (Exekutive), je nach Kanton «Kirchenrat» oder «Synodalrat» genannt.

Die reformierten Kirchen sind in der Schweiz im Schweizerischen Evangelischen Kirchenbund SEK vereint (26 evangelisch-reformierte Kantonalkirchen sowie die evangelisch-methodistische Kirche und die Eglise libre von Genf, mit insgesamt 2,4 Millionen Christinnen und Christen). In der Zusammensetzung des Rates SEK zeigt sich das Selbstverständnis des Schweizerischen Protestantismus: Vier Frauen und vier Männer bilden zusammen mit dem Präsidenten das oberste Exekutivorgan. Die beiden Vizepräsidentinnen aus der Romandie und der Deutschschweiz, beide Nicht-Theologinnen, stehen dem Präsidenten zur Seite.

Weltweit sind die reformierten Kirchen im Reformierten Weltbund RWB (engl. World Alliance of Reformed Churches WARC, 75 Millionen Christinnen und Christen in 200 Kirchen aus über 100 Ländern) miteinander verbunden. Das häufig auftauchende Wort «Diaspora»[2] bezeichnet die Situation einer Kantonalkirche oder Gemeinde, deren Konfession in der Bevölkerung in ihrem Gebiet deutlich in der Minderheit ist.

Claudia Bandixen, Silvia Pfeiffer, Frank Worbs

---

1 Der Protestantismus reformierter Prägung geht v.a. zurück auf Huldrych Zwingli (1484–1531) und Heinrich Bullinger (1504–1575) in Zürich, Johannes Calvin (1509–1564) in Genf und John Knox (1505–1572) in Schottland und England.

2 Der Begriff Diaspora (v. griech.: διασπορά *diaspora* = Verstreutheit) hat eine lange Geschichte. Seit dem späten 20. Jahrhundert bezeichnet er religiöse oder ethnische Gruppen, die ihre traditionelle Heimat verlassen haben und in einer anderen Kultur leben oder über weite Teile der Welt zerstreut sind (z.B. Judentum).

Der Aufbruch der Präsidentinnen

Ergebnisse der ersten Tagung Schweizer Kirchenpräsidentinnen

Claudia Bandixen

«Nicht wahr, Sie sind die erste Präsidentin, die es in der Landeskirche gibt?» Diese Frage wurde mir 2003, am Anfang meines Amtes, oft gestellt. Nein, ich war nicht die erste Präsidentin. Damals arbeiteten in den beiden Kantonalkirchen Schaffhausen und Neuenburg bereits Frauen im Präsidium. Und auch meine eigene Kantonalkirche hatte lange vor mir eine Frau ins Präsidium gewählt. Allerdings war mir damals noch nicht bewusst, dass die Reformierte Landeskirche Aargau (zusammen mit Genf) eine Pionierstellung innehat in der Gleichstellung von Frauen und Männern: Sie hat als erste Landeskirche überhaupt schon 1980 Sylvia Michel in das höchste Exekutivamt gewählt. Die Pfarrerin hat acht Jahre lang die Geschicke der aargauischen Landeskirche massgeblich geprägt – und dabei ihr eigenes Erfolgsrezept gefunden: Klarheit in der Führung, sorgfältige Kommunikation und als Drittes: eine Brücke zu sein von Kirche zu Kirche, von Kirche zu Staat, von Mensch zu Mensch. Sie hat als ordinierte Theologin das Präsidium auch ganz bewusst als Frau geführt.

Nur 14 Tage später als Sylvia Michel wurde Nicole Fischer-Dûchable zur Präsidentin der Genfer Kirche gewählt (als Nicht-Theologin!). Anhand dieser ersten Frauenwahlen werden zwei typische Eigenheiten der Reformierten exemplarisch deutlich: Nicht das Geschlecht zählt, wenn es um die Leitung der Glaubensgemeinschaft geht, sondern die Person. Nicht die Ordination, sondern das Vertrauen der Basis zu diesem Menschen.

Seit 1980 wurde der Zugang zum höchsten Exekutivamt in den reformierten Landeskirchen für Frauen zur Wirklichkeit. Ein weiterer Meilenstein war das Wahljahr 2004. Ab 2004 gab es einen sprunghaften Anstieg von Frauen im Präsidium. Heute werden 10 Landeskirchen von Frauen geleitet. Insgesamt hatten bereits 12 von den 26 Kantonalkirchen mindestens einmal eine Frau ins Präsidium gewählt. Das Klischee, Frauen kämen ausschliesslich in unwichtigeren Institutionen zu Kaderstellen, kann aus der kirchlichen Realität heraus nicht bestätigt werden. Die

höchsten Kaderstellen grosser Kirchen sind auch heute einflussreiche
Positionen mit einer breiten Abstützung und Verankerung in der Bevölkerung. Kampfwahlen gehören zur Tagesordnung.
Frauenwahlen sind selbstverständlich geworden! Um dieser Entwicklung Rechnung zu tragen, hat die Aargauer Landeskirche am 2. und 3.
Dezember 2005 die beiden ersten Präsidentinnen, Sylvia Michel und Nicole Fischer-Dûchable, zusammen mit den amtierenden Präsidentinnen
eingeladen. Diese erste Tagung von Kirchen- und Synodalratspräsiden-
tinnen reformierter Kirchen fand auf dem Rügel bei Seengen, im Tagungshaus der Reformierten Landeskirche Aargau, statt. Die Tagungs-
teilnehmerinnen haben sich folgende Fragen gestellt: Frauenwahlen sind
bei uns selbstverständlich. Was sagt diese Tatsache über unsere reformierten Landeskirchen aus? Warum ist diese starke Stellung von Frauen
bei keiner anderen Konfession und Religion in dieser Eindeutigkeit
beobachtbar? Was für ein Verständnis von Kirche wird dadurch ausgedrückt? Ist die Gleichstellung von Frauen und Männern in den reformierten Landeskirchen derart fortgeschritten, dass sie kein Thema mehr
ist?

1. «Wo ist es spürbar, dass Frauen im Präsidium sind?»

Zum ersten Mal in der Geschichte haben sich Präsidentinnen nicht ein-
zeln mit dem Thema auseinander gesetzt, sondern haben ihre Beobachtungen zusammengetragen unter anderem zur Frage: Wo ist es für uns
spürbar, dass wir als Frauen leiten? Im ersten Treffen der Kirchenratspräsidentinnen evangelisch-reformierter Kirchen der Schweiz hielten sie
fest: Wo über Frauen im Leitungsamt berichtet wird, überhöht oft Ideo-
logisches sowohl im positiven als auch im negativen Sinn die erfahrbare
Realität. Die Amtsführung wird aber mehr durch die einzelne Persönlichkeit, ihre Ausbildung, ihre Interessen und ihren Kontext als durch die
Geschlechtszugehörigkeit geprägt. Frau- und Mannsein ist dabei nicht
mehr als eine von verschiedenen Konstanten, welche die Amtsführung
bestimmen.
   Beispiel: Die Pflichtenhefte der Präsidentinnen werden stark bestimmt durch die Grösse und die geltenden Strukturen ihrer jeweiligen
Kantonalkirchen. Ob eine minimale Infrastruktur vorhanden ist mit nur
wenigen Mitarbeitenden und das Präsidium ehrenamtlich geführt werden

muss oder ob die Präsidentin im Vollamt an der Spitze einer professionell geführten Zentrale einer Landeskirche mit hunderttausend Mitgliedern und Dutzenden von Gemeinden vorsteht, prägt den Arbeitsalltag nachhaltig.

Gemeinsam ist den Präsidien: Sie alle sind Stimme für das Ganze, Verhandlungspartnerinnen gegenüber politischen Behörden und der Wirtschaft, Vernetzungsinstanz in nationalen und internationalen Beziehungen. Sie alle stehen für «Kirche». Diese Grundkonstante gilt aber genauso für Männer im Präsidium.

Die Präsidentinnen trugen aus ihrer Alltagserfahrung verschiedene Beobachtungen zur Art und Weise, wie Frauen führen, zusammen:

– Frauen arbeiten zielorientiert, dabei fordern sie von sich sowohl konkretes fachliches Können als auch die Fähigkeit zum Überblick. Dieser Doppelanspruch wird an Frauen stärker gestellt als an Männer, da Frauen von ihrem Umfeld und der Öffentlichkeit insgesamt schärfer beobachtet und schneller kritisiert werden als ihre männlichen Kollegen.

– Frauen verstehen sich als kommunikativer und konzilianter. Sie übernehmen anwaltschaftliche Brückenfunktionen für die jeweils anderen. Sie identifizieren sich mehr mit Atmosphärischem als Männer.

– Frauen macht es eher Mühe, persönliche Ansprüche finanzieller und/oder positionsmässiger Art anzumelden – und durchzusetzen.

– Die Präsidentinnen empfinden es als Stärke, wenn es ihnen gelingt, ihr Leitungsamt bewusst als Frauen zu gestalten. Die Theologin Sabine Scheuter, Gast und Begleiterin am Treffen, beobachtete diese weibliche Sozialisation bei den Präsidentinnen wie folgt: «In den Gesprächsrunden der Präsidentinnen herrschte eine sehr offene Atmosphäre. Diese Offenheit, um nicht zu sagen Vertraulichkeit, war einer der Punkte, der mich am meisten spüren liess, dass wir unter Frauen waren. Was ich sonst erlebe beim Zusammentreffen von Menschen mit einer gewissen Führungsverantwortung, ist oft eine Kommunikation, die eher die eigene Position stärken will, die eigenen Kompetenzen betont, welche sich Gesprächspartner nach Interessen, weniger nach Sympathie sucht und die Person hinter dem Amt und dem Auftrag verschwinden lässt. Die Teilnehmerinnen waren als Personen sehr präsent, mit dem spürbaren Interesse, einem gemeinsamen Thema auf den Grund zu gehen. Sich zu zeigen, auch mit den eigenen Fragen und Unsicherheiten.»

– Ein letzter Punkt macht nachdenklich: Trotz ihrer Fähigkeit zur Nähe
gehen Präsidentinnen tendenziell vorsichtiger an offizielle Gespräche
heran als ihre männlichen Kollegen. Es ist für die meisten dieser
Frauen selbstverständlich, dass bei offiziellen Gesprächen eine Dritt-
person anwesend ist oder ein Protokoll geführt wird.
Diese Gesprächsgepflogenheit und ein oft überladener Arbeitsalltag können eine effiziente Lobbyarbeit stark behindern. Es stellt sich die Frage,
ob Frauen zwar untereinander einen guten Draht finden, aber – anders
als oft dargestellt – ein eigentliches Vernetzungsdefizit aufweisen. Frauen
müssten demnach bewusster als Männer an einer guten und offiziellen
Vernetzung arbeiten, damit sie nicht isoliert werden.

2. «Typisch Frau – typisch Mann» in der Öffentlichkeit und den Medien

Auch wenn von «innen» gesehen die Amtsführung von Frauen und
Männern nicht sonderlich verschieden ist – von der Öffentlichkeit wird
sie trotzdem als anders wahrgenommen. Für diese bedeutet es durchaus
einen Unterschied, ob eine Frau oder ein Mann die offizielle Stimme der
Landeskirche ist. So beeinflussen traditionalistische Bilder und Stereo-
typen bereits die Fragen, welche von Medien an eine Präsidentin gestellt
werden. Eine Exekutiv-Frau wird oft als Repräsentantin des Kollektivs
«Frauen» angesprochen. Demgegenüber sind Männer viel selbstverständ-
licher Repräsentanten des Ganzen und nicht ausschliesslich ihres eigenen
Geschlechtes. Männer werden nicht nach ihrer Befindlichkeit als Mann
gefragt oder etwa ihrem Vatersein, sondern nach ihren Aufgaben und
Meinungen. Auch die Art und Weise, wie in der Öffentlichkeit darüber
debattiert wird, warum eine Frau gewählt werden soll, unterscheidet sich
stark von den Diskussionen um eine männliche Kandidatur.
    So wurde gegen meine eigene Wahl ins Feld geführt, dass ich Kinder
habe. Eine solche Aussage ist undenkbar als Negativkritik gegenüber einem Mann. Das implizite Frauenbild dahinter sieht die Frau in ihrem ur-
sprünglichen Aufgabenbereich (am Herd, als Mutter). Das folgende Beispiel illustriert weiter die Diskrepanz in der öffentlichen Wahrnehmung:
Für eine Homestory liess sich die angehende Bundesrätin Doris Leut-
hard auf ihrer Treppe ablichten, umgeben von vielen bunten Schuhen.
Nahm man das bei einer Frau mit einem Augenzwinkern hin, so wäre

diese Präsentation bei einem Mann unsympathisch, gar ehrenrührig gewesen. In die Parlamente wie in die öffentliche Meinung hinein wirkt nach wie vor das bürgerliche Ideal aus den 50er Jahren, welches die Frau zu Hause sieht, als Erzieherin der gemeinsamen Kinder. Gegen aussen wirkt sie als charmante Begleiterin und Rückhalt ihres Gatten. Er verdient das Geld, sie ist die gefühlvolle Schöne.

Niemand bestreitet ernsthaft, dass dieses Klischee der Realität nicht mehr standhält. Berufswünsche, Ausbildung und Lebenspläne junger Schweizer und Schweizerinnen orientieren sich zunehmend an individuellen Vorlieben und weniger an einem kollektiven Ideal, das die Gesellschaft vorgibt. Trotzdem gilt grundsätzlich immer noch: Wird ein Mann gewählt, wird eine gute Amtsführung erwartet. Wird eine Frau gewählt, so erhofft man sich von ihr – über die normalen Leitungsqualitäten hinaus – das Einführen von besseren und gerechteren Zuständen, im Klartext: Ein beispielhaftes Eintreten für Schwächere, insbesondere für Frauen, ein kommunikativeres sowie integrativeres Verhalten.

Die Geschlechterrollen sind heute weniger starr gestaltet. Das rückt die Geschlechterfrage in den Hintergrund und stellt Leitung an und für sich ins Zentrum. Leitung muss unabhängig vom Geschlecht erfolgreich sein, wobei erfolgreich bedeutet: gesetzte Ziele erreichen, Visionen aufnehmen, wichtige Traditionen respektieren, für das Wohl der Geführten einstehen. Führung muss von ihren eigenen Werten und Inhalten überzeugt sein und andere überzeugen. Wurde in den 70er und 80er Jahren noch deklariert, dass Frauen eine Verbesserung der Leitungsqualität erreichten, weil sie mehr Interesse daran hätten, Macht auf eine gerechtere und partizipativere Art auszuüben als Männer, so wird heute genau diese Erwartung als «Fallstrick für die Leitungsfunktion von Frauen» denunziert. Ivone Gebara, die wehrhafte brasilianische Ordensfrau und Feministin, meint dazu: Heute würden Erwartungen an Frauen, dass sie ganz andere Leitungsqualitäten einbringen könnten als Männer, als Überforderung erkannt. Denn so gesehen, müssten Frauen nicht nur leiten, sondern dies konsensueller und gerechter tun als Männer bei gleichzeitig mindestens gleich hoher Effizienz und Zielorientierung. Frauen würden zusätzlich zur üblichen Erwartung an Leitungsqualitäten auch daran gemessen, ob sie diese auf sie projizierten Ideale erfüllten oder nicht.[1]

3. Negative Kritik an Frauen in der Leitung von Kirchen

So problemlos Frauen ihre Funktion als Präsidentin in einer Landeskirche ausfüllen können, an Kritik mangelt es trotzdem nicht. Am
multikulturellen Kontext orientierte Gruppierungen bezweifeln, dass eine
Frau als direktes Gegenüber von männerdominierten Gemeinschaften
und Religionen ernst genommen wird. Das interreligiöse Gespräch werde aber für Kirchen immer wichtiger. Die höchsten Stellen dürften deswegen nicht mit Frauen besetzt werden.

Fundamentalistische Kreise und neuere religiöse Strömungen (wie wir
sie beispielsweise aus Nordamerika kennen) monieren, dass es nicht bibelgemäss sei, dass Frauen führen. Einzelne Kirchen in Osteuropa sind
dazu übergegangen, Frauen den Zugang zum bereits gewährten Gemeindepfarramt wieder zu verwehren.

Unterstützung erhält diese fundamentalistische Haltung auch aus
grundsätzlich offenen ökumenischen Kreisen: Die Ökumene sei gefährdet durch die herausragende Position der Frauen in den reformierten
Kirchen, weil faktisch nur wenige Kirchen die Ordination und Leitung
von Frauen anerkennten. Bei uns entwickle sich alles zu schnell und zu
selbstverständlich. Traditionalisten beklagen die Auflösung althergebrachter Rollenbilder von Mann und Frau sowie fehlende Vorbilder –
ausserhalb der rein biologischen Gegebenheiten von Zeugung und Geburt. Ja sie versteigen sich zur These, dass dadurch der Homosexualität
Vorschub geleistet werde.

---

[1] Gebara, Ivone: ¿Política femenina, política feminista o simplemente política?, in: Con-spirando 52 (Mujer y Política), April 2006, 12.

4. Die Antwort der Präsidentinnen ist eindeutig

Die Präsidentinnen bejahen die Offenheit der reformierten Landeskirchen gegenüber Frauen und Männern als Segen. Sie bedauern ausdrücklich die Barrieren und Rückschritte in anderen Kirchen. Sie möchten aus ihrem guten Alltag heraus dazu ermutigen, das Wort von Paulus im Brief an die Galater ausdrücklich im Blick auf die Ausübung der Ämter ernst zu nehmen: «Hier ist nicht Jude noch Grieche, hier ist nicht Sklave noch Freier, hier ist nicht Mann noch Frau; denn ihr seid allesamt einer in Christus Jesus» (Galater 3,28).

Selbstbewusst, gläubig, engagiert

Entwicklung der Position der Frauen in den reformierten Kirchen

Judith Stofer

Die Anfrage der Reformierten Landeskirche Aargau für einen Text zur «Entwicklung der Position der Frauen in der reformierten Kirche» verhiess eine spannende Aufgabe. Es musste eine Vielzahl von Einzelquellen, Bücher und Artikel gesichtet und ausgewertet werden. Ein nationales Geschichtsbuch, welches sich mit den Verdiensten, Emanzipationsbewegungen und Einflüssen von Frauen, aber auch den vielen Kämpfen gegen Diskriminierungen von Frauen in Kirche und Religion befasst, gibt es noch nicht. In der ansonsten hervorragenden «Ökumenischen Kirchengeschichte der Schweiz»[1] sind von 370 Seiten gerade mal einige wenige Seiten der «Stimme der Frauen» gewidmet.

«Religiöse Frauengeschichte wird vor allem als Geschichte der konfessionellen Frauenverbände und Frauenkongregationen verstanden und anhand einiger weniger Persönlichkeiten dargestellt», fasst die Kirchenhistorikerin Doris Brodbeck die Quellenlage zusammen.[2] Ausnahmen bilden thematische Untersuchungen etwa zur kirchlichen Debatte um das Frauenstimmrecht, den Zugang von Frauen zum Theologiestudium, zum Pfarramt sowie die Frauenordination.

Im ersten Teil dieses Beitrags werden einige wichtige weibliche Persönlichkeiten vorgestellt von der Reformation bis ins 19. Jahrhundert. Der zweite Teil widmet sich der Geschichte der reformierten Frauen und ihrem Kampf um Gleichberechtigung seit der Zeit der Gründung des Schweizerischen Bundesstaats (1848) bis heute. Diese Aufteilung macht Sinn, weil der neu gegründete Bundesstaat das Verhältnis zwischen Kir-

---

[1] Herausgegeben von Vischer, Lukas/Schenker, Lukas/Dellsperger, Rudolf, Basel/Freiburg 1994.

[2] Brodbeck, Doris (Hrsg.): Unerhörte Worte. Religiöse Gesellschaftskritik von Frauen im 20. Jahrhundert, Wettingen 2003, 20. Siehe auch den Beitrag von Doris Brodbeck in diesem Buch: Macht nutzen – sich vernetzen, 127.

che und Staat neu regelte und damit die Entwicklung der Kirchen und Religionen in der Schweiz stark beeinflusste.

1. Reformationszeit bis ins 19. Jahrhundert

1.1 Ein Evangelium für Männer, eines für Frauen

Vielleicht lässt sich die Geschichte der reformierten Frauen am treffendsten mit «zwei Schritte vor, einer zurück» umschreiben. Für die Vorwärtsschritte waren mutige, draufgängerische und kreative Frauen verantwortlich. Sie wurden jedoch sehr oft und schnell wieder zurückgepfiffen. Die Reformation mit ihrem Emanzipationsanspruch beflügelte und bestärkte Frauen, die Emanzipation auch für das eigene Geschlecht einzufordern. Eine dieser spannenden Pionierinnen lebte in Genf und zog fünf Kinder gross. Sie war eine glühende Verfechterin der Reformation und machte sich für die Frauen stark: Marie Dentière.

Marie Dentière (1490–1560)[3], ehemalige Vorsteherin eines Frauenklosters in Nordflandern, fand an den sich ausbreitenden Ideen Martin Luthers Gefallen und konvertierte 1524. 1535 kam sie, in zweiter Ehe mit dem Genfer Reformator Antoine Froment verheiratet, in die Romandie. Hier schrieb sie als Augenzeugin und als Frau eines der Hauptakteure der Reformationszeit ein wichtiges Werk über die Wirren in Genf (*La guerre et deslivrance de la ville de Genève*) und gab es anonym heraus. Später wurde sie eindeutig als Autorin dieser ersten im reformatorischen Genf erschienenen historischen Schrift identifiziert.

---

[3] Im Folgenden stütze ich mich auf die Dissertation von Alice Zimmerli-Witschi, Frauen in der Reformationszeit, die 1981 erschienen ist, sowie auf einen gedruckten Vortrag derselben Autorin mit dem Titel «Vom Kloster zur Küche – Frauen in der Reformationszeit», nachzulesen im Sammelband Bietenhard, Sophia/Dellsperger, Rudolf/Kocher, Hermann/Stoll, Brigitta (Hrsg.): Zwischen Macht und Dienst. Beiträge zur Geschichte und Gegenwart von Frauen im kirchlichen Leben der Schweiz, Bern 1991, 55–80. Ebenfalls nützlich war der Artikel von Béatrice Acklin Zimmermann über Marie Dentière in dem von Doris Brodbeck herausgegebenen Sammelband: Dem Schweigen entronnen. Religiöse Zeugnisse von Frauen des 16. bis 19. Jahrhunderts, Würzburg/Markt Zell 2006, 304–320.

Marie Dentière setzte sich nicht nur historisch, sondern auch theologisch mit der Reformation auseinander. In ihrem berühmten Brief an die Schriftstellerin und Schwester des französischen Königs Franz I., Margarethe von Navarra (1492–1549), informierte sie über die Situation in Genf. In diesem Schreiben beschäftigte sie sich aber auch mit Glaubensfragen sowie der Stellung der Frauen in Kirche und Gesellschaft. Gerade dieser Teil, schreibt Alice Zimmerli-Witschi, «hat den Charakter einer Kampfschrift».[4] In diesem Abschnitt beklagte sich die gebürtige Belgierin über die Position der Unmündigkeit der Frauen und stellte klar, dass sie mit der Stellung der Frauen in der Kirche nicht zufrieden sei. Da es den Frauen verweigert werde, in Kirchen zu predigen und an Versammlungen zu sprechen, so die streitbare Genferin, sollten sie ihre Anliegen durch Schriften verbreiten. Zimmerli-Witschi vermutet, dass Dentière in letzter Konsequenz an die Übernahme des Pfarramtes durch Frauen gedacht hat. Am Ende des Briefes forderte sie die Frauen engagiert zum Durchhalten auf:[5] «Es wäre zu kühn, sie [die Frauen] hindern zu wollen, und für uns zu verrückt, das Talent, das Gott uns gegeben hat, zu verbergen, der uns in seiner Gnade bis zum Ende beschützen wird. Amen.»[6]

Das dreiteilige Schreiben wurde 1539 in einer Auflage von 1500 Exemplaren gedruckt. Es entfachte einen Skandal, schreibt Zimmerli-Witschi: «Der Rat von Genf veranlasste, die gesamte Edition zu konfiszieren und den Drucker zu verhaften.»[7] Als Folge wurde in Genf die Zensur eingeführt. Das Schreib- und Denkverbot machte der intellektuellen Denkerin Dentière zu schaffen. Gemäss einigen Quellen ertränkte sie ihren Misserfolg im Alkohol. Nach Dentières Publikation erschienen im Genf des 16. Jahrhunderts keine von einer Frau verfassten Schriften mehr. Den weiblichen Bemühungen um Mitarbeit in der neu entstehenden Kirche sei eine klare Absage erteilt worden, schreibt Zimmerli-Witschi, und zitiert hierzu Pierre Viret, einen der Gutachter des Werks von Dentière. Er habe erklärt, Frauen könnten über grössere geistige

---

4   Zimmerli-Witschi, Alice: Vom Kloster zur Küche, 59.
5   Ebd., 60.
6   Zitiert nach Acklin Zimmermann, Béatrice, in: Brodbeck, Doris (Hrsg.): Dem Schweigen entronnen, 319f.
7   Zimmerli-Witschi, Alice: Vom Kloster zur Küche, 60.

Gaben und ein profunderes theologisches Wissen als Männer verfügen, gleichwohl könne es den Frauen nicht erlaubt werden, öffentlich in der christlichen Gemeinschaft zu sprechen.[8]

1.2 Massgebliche Impulse von Frauen

Aus der Zeit des 17. bis 19. Jahrhunderts (bis zur Gründung des Schweizerischen Bundesstaates) sind ebenfalls viele Vorkämpferinnen bekannt. Zusammenfassend seien hier einige Persönlichkeiten erwähnt. Im 17. Jahrhundert veröffentlichte die «hochadeliche reformiert-evangelische Dame» Hortensia von Salis (1659–1715) theologische Betrachtungen und Anleitungen zum rechten Leben und zum rechten Gebet.[9] Ihre Schriften sind erst kürzlich wieder zugänglich gemacht worden. Wie im 17. Jahrhundert unter gebildeten Menschen weit verbreitet, korrespondierte sie mit Gelehrten.

Die Genferin Marie Huber (1695–1753), welche aus einer pietistischen Familie stammte, setzte sich kritisch mit der christlichen Religion auseinander und stellte dieser eine essenzielle Religion gegenüber, «die der Verstand und das Gewissen dem menschlichen Wesen offenbaren, jenseits der historischen Überlieferung».[10] Mit spitzer Feder verschonte sie «keine der traditionellen Doktrinen des Christentums, dessen Verfall sie in einem Übermass an Dogmen begründet sieht», schreibt Maria-Christina Pitassi, Professorin für Reformationsgeschichte an der Universität Genf. Ihrer Meinung nach hatte Marie Hubers Werk einen unbestreitbaren Einfluss auf das theologische Denken von Jean-Jacques Rousseau (1717–1778).

Zu erwähnen sind auch die Bernerin Sophie von Wurstemberger (1809–1878), die das Diakonissenhaus in Bern gründete, die Schriftstellerinnen Meta Heusser-Schweizer (1797–1876), bekannt u.a. wegen des Textes zum Kirchenlied «O Jesus Christ, mein Leben», und ihre berühm-

---

[8]   Ebd., 60.
[9]   Vgl. dazu Stuber, Christine: Hochadeliche reformiert-evangelische Dame. Hortensia von Salis, in: Brodbeck, Doris (Hrsg.): Dem Schweigen entronnen, 262–277.
[10] Pitassi, Maria-Christina: Die Suche nach der essentiellen Religion. Marie Huber, in: Brodbeck, Doris (Hrsg.): Dem Schweigen entronnen, 232–261.

te Tochter Johanna Spyri-Heusser (1827–1901), die sich beide intensiv mit ihrer Religion auseinander setzten und ihre Erkenntnisse in Gedichte und Romane einfliessen liessen. Ausserdem anzuführen sind die Genferin Marie Goegg-Pouchoulin (1826–1899), die Bernerin Helene von Mülinen (1850–1924) und die Churerin Clara Ragaz-Nadig (1874–1957). Diese drei Frauen prägten die Anfänge des neu gegründeten Bundesstaates entscheidend mit, weil sie sich auf politischer Ebene für das Frauenstimmrecht, die Gleichberechtigung der Frauen und die soziale Besserstellung von Arbeiterinnen einsetzten.

2. Der moderne Bundesstaat

Gegen Ende des 19., anfangs des 20. Jahrhunderts begannen die Frauen sich zu vernetzen; es entstanden unzählige Frauenverbände im konfessionellen, aber auch im politischen Bereich. Sie meldeten sich über Petitionen und Eingaben zu Wort und warben in zahlreichen Frauenzeitschriften für ihre Anliegen. Dass diese Verbindung unter den Frauenvereinen gelang, schreibt Brodbeck, ist hauptsächlich der Beschäftigung mit der sozialen Not der unteren Schichten zu verdanken. Dadurch ergab sich ein gemeinsamer Erfahrungshintergrund, der die Verständigung über Klassengrenzen hinweg ermöglichte. In ihrem Handeln unterschieden sich diese Frauen deutlich von der bürgerlichen Politik der Männer – sowohl von der liberalen als auch von der konservativen.[11]

2.1 Frauenverbände

Bereits 1868 hatte die aus einer Hugenottenfamilie stammende Marie Goegg eine erste internationale Frauenvereinigung gegründet, 1872 wurde die Vereinigung in «Solidarité» umbenannt. Sie forderte die absolute Gleichstellung der Frau vor dem Gesetz und in der Gesellschaft. Später schloss sie sich der 1875 von der Engländerin Josephine Butler in Genf

---

[11] Vgl. Brodbeck, Doris: Hunger nach Gerechtigkeit. Helene von Mülinen (1850–1924) – eine Wegbereiterin der Frauenemanzipation, Zürich 2000, 123.

gegründeten internationalen «Fédération abolitionniste» an. Diese internationale Sittlichkeitsbewegung setzte sich für die Abschaffung der Gesetze ein, die die Prostitution regelten. Ihrer Meinung nach zementierten
diese Gesetze die Prostitution. Die Würde und Rechte der Frauen blie-
ben auf der Strecke. Butler wandte sich vehement gegen «ein häusliches
Glück, das auf dem Verderben dieser Elenden [der Prostituierten] beruht» und stellt sich damit gegen die weit verbreitete Doppelmoral.[12]
1901 spalteten sich die Deutschschweizer Sektionen von der «Fédération» ab und gründeten den «Verband deutschschweizerischer Frauenvereine zur Hebung der Sittlichkeit». Er war weniger radikal als die
Fédération, setzte sich vor allem für die Förderung der Familie und für
Schutz und die Rettung «gefallener Mädchen» ein.

1929 wurde der Sittlichkeitsverband in «Schweizerischer Verband
Frauenhilfe» umbenannt. Rund 20 Jahre später schlossen sich die Frauen-
hilfen mit dreizehn anderen evangelischen Vereinen (u.a. Theologinnen-
verband, Pfarrfrauenverband, Diakonissen-Häuser) zum Dachverband
«Evangelischer Frauenbund der Schweiz» EFS zusammen. Letzterer
wurde 1947 gegründet. Tatkräftig mitgeholfen hat dabei die evangelische,
feministische Theologin und spätere Leiterin des Evangelischen Tagungs-
zentrums Boldern (ZH), Marga Bührig (1915–2002). Mit Stolz wies
Marianne Jehle-Wildberger in einem Vortrag zur Geschichte des EFS
hin, dass die beiden bedeutenden Frauen Goegg und Butler nicht nur die
Mütter der politischen, «sondern auch der evangelischen Frauenorganisationen der Schweiz» sind.[13]

2.2 Frauenemanzipation und Christentum

Die Bernerin Helene von Mülinen gehört sicher zu den interessantesten
Vorkämpferinnen der hiesigen Frauenemanzipation. Sie war aktiv in der
protestantisch geprägten sozialreformerischen Bewegung und nahm Einsitz im Vorstand der christlich-sozialen Gesellschaft des Kantons Bern,
sie setzte sich für die Verbesserung der Lage sozial benachteiligter Frau-

---

[12] Jehle-Wildberger, Marianne/Waller, Monika: Geschichte und Gegenwart des
Evangelischen Frauenbundes der Schweiz (EFS), in: Bietenhard, Sophia u.a.
(Hrsg.): Zwischen Macht und Dienst, 185.
[13] Ebd., 183.

en ein und engagierte sich auch in der von Josephine Butler gegründeten internationalen abolitionistischen[14] Vereinigung in Genf. Von 1900 bis 1904 war von Mülinen die erste Präsidentin des Bundes schweizerischer Frauenvereine BSF (heute alliance F).

Von Mülinen setzte sich nicht nur für die gesellschaftspolitische Verbesserung sowie für politische Bürgerrechte der Frauen – unter anderem auch für das Frauenstimmrecht – ein. Interessant ist sie, weil sie Frauenemanzipation und Theologie miteinander in Verbindung gebracht hat.

In den 80er Jahren des 19. Jahrhunderts hatte die überzeugte Frauenrechtlerin und Christin während acht Semestern Vorlesungen an der Theologischen Fakultät der Universität Bern besucht.[15] Von Mülinen dürfe gewissermassen als frühe feministische Theologin oder auch als Befreiungstheologin angesehen werden, schreibt die Kirchenhistorikerin Brodbeck: «Die theologische Leistung Helene von Mülinens bestand vorwiegend darin, die Forderungen der Frauenbewegung theologisch zu reflektieren.»[16] 1903 hielt sie in Genf einen bibelkritischen Vortrag zum Thema «Die Frau und das Evangelium». 1904 forderte sie als Präsidentin des BSF in einer Eingabe an die Schweizerische Reformierte Kirchenkonferenz (heute Abgeordnetenversammlung des Schweizerischen Evangelischen Kirchenbunds SEK) das kirchliche Frauenstimmrecht, verbunden mit einer stärkeren Beteiligung der Frauen am kirchlichen Leben. Helene von Mülinen: «Es schwebt uns in jeder Gemeinde das Ideal einer Schar von Frauen vor, die Hand in Hand mit dem Geistlichen im innern und äussern Dienst der Kirche stehen, indem sie sowohl an der Vertiefung in das Wort Gottes, als an der Armen- und Sittenpflege des Volkes mitwirken.»[17]

Über ihre Lebensgefährtin Emma Pieczynska-Reichenbach (1854– 1927) hatte Helene von Mülinen regen Kontakt mit dem Ehepaar Leon-

---

14 Abolitionismus: Abschaffung, Aufhebung; abolitionistisch: um Abschaffung bemüht.
15 Da Frauen sich zwar seit 1874 an der Philosophischen, nicht aber an der Theologischen Fakultät regulär einschreiben konnten, besuchte sie die Vorlesungen nur als Hörerin.
16 Brodbeck, Doris: Hunger nach Gerechtigkeit, 201.
17 Helene von Mülinen an die Schweizerische reformierte Kirchenkonferenz, zitiert nach Brodbeck, Doris: Hunger nach Gerechtigkeit, 117f.

hard und Clara Ragaz sowie der religiös-sozialen Bewegung. Clara Ragaz war eine weitere wichtige Frau für die Geschichte der reformierten Kirchen der Schweiz bis in die Mitte des 20. Jahrhunderts. Sie war eine radikale Kämpferin für den Frieden und setzte sich als Teil der religiös-sozialen Bewegung für die Verbesserung der Situation der Arbeiterinnen und Heimarbeiterinnen ein. Sie war Mitbegründerin und später Vizepräsidentin der Internationalen Frauenliga für Frieden und Freiheit. Ihr Handeln orientierte sich an der Bibel. Sie agierte aus dem Glauben heraus. So sprach sie von einer «kämpfenden Teilhabe am Sich-Durchsetzen des Reiches Gottes»[18].

2.3   Ein Marsch mit vielen Hürden

Das 20. Jahrhundert war geprägt durch den Kampf der Frauen erstens um den Zugang zum Theologiestudium, zweitens um die Erlangung des Pfarramts und drittens um die Erlangung des kirchlichen Stimm- und Wahlrechts. Der Weg war mehr als steinig, die Frauen benötigten einen langen Atem. Die reformierten Kirchen waren in der Schweiz bis ins 19. Jahrhundert als Staatskirchen organisiert. Mit der Gründung des Bundesstaates 1848 wurde das Verhältnis zwischen Kirche und Staat neu geregelt. Der Bundesstaat garantierte die Glaubens- und Gewissensfreiheit und überliess die konkrete Ausgestaltung des Verhältnisses von Kirche und Staat den einzelnen Kantonen. Im Zentrum stand die Entflechtung: Die Kirchen lösten sich von der staatlichen Oberhoheit. Sie gewannen dadurch mehr Freiheit in der Gestaltung ihres innerkirchlichen Lebens.[19] Dies bedeutete gleichzeitig aber auch, dass eine «Arbeitsteilung zwischen Kirche und Staat» verankert wurde, die auch das Geschlechterverständnis prägte, schreibt die Kirchenhistorikerin Doris Brodbeck: «Während der liberale Bundesstaat die ökonomischen Belange organisierte, suchten die Kirchen zusammen mit den Frauen die sozialen Probleme aufzufan-

---

[18] Wohlgemuth, Isabella: Gegen Unrecht und Gewalt. Clara Ragaz-Nadig: Von sozialen Anliegen zur Friedensbewegung, in: Brodbeck, Doris u.a.: Siehe, ich schaffe Neues. Aufbrüche von Frauen in Protestantismus, Katholizismus, Christkatholizismus und Judentum, Bern 1998, 24.

[19] Vischer, Lukas u.a. (Hrsg.): Ökumenische Kirchengeschichte der Schweiz, 267.

gen.»[20] Damit wurde der Glaube dem Privatbereich zugeordnet, für den vor allem die Frauen zuständig waren. Männer hingegen wurden vom Glauben entbunden, damit sie den Anforderungen des Arbeitsmarktes ungehindert nachkommen konnten. Brodbeck: «Die so konstruierte weibliche Affinität zum Glauben bedeutete für Frauen zugleich einen Ausschluss aus der öffentlichen Verantwortung wie einen Einschluss, und eine Fixierung auf religiöse Werte.»[21]

Nicht alle Frauen akzeptierten diese gleichzeitige Zuordnung der religiösen Werte und den Ausschluss aus dem öffentlichen Leben und kämpften für Gleichberechtigung.

Die reformierte Theologin und erste vollamtliche Berner Synodalrätin Hanni Lindt-Loosli bringt es auf den Punkt: «Die Bernischen Theologinnen hatten es dreifach schwer auf dem Weg zur beruflichen Gleichberechtigung.»[22] Erstens verhinderte das staatliche (kantonale) Kirchengesetz[23] von 1874 die Wahl von Frauen ins Pfarramt, zweitens gab es theologische Bedenken und drittens sassen in den entscheidenden Behörden von Kirche, Staat und Universität ausschliesslich Männer. Lindt-Loosli führte eine Umfrage bei Berner Theologinnen der ersten und zweiten Generation durch, die zwischen 1917 und 1965 immatrikuliert waren. Sie wollte wissen, wie es ihnen auf ihrem späteren Berufsweg ergangen war. Herausgekommen sei, so die Theologin, «ein Stück Männer- und Frauengeschichte, die damals beide Geschlechter auf ihre Weise forderte»[24].

Die Trias Staat, Kirche und Theologie zieht sich nicht nur wie ein roter Faden durch die Geschichte der Berner Theologinnen, sie ist auch ein bestimmender Faktor in der geschichtlichen Entwicklung der reformierten Frauen in der Schweiz. In diesem eng miteinander verknüpften Ge-

---

20 Brodbeck, Doris (Hrsg.): Unerhörte Worte, 15.
21 Ebd., 15.
22 Lindt-Loosli, Hanni: Von der «Hülfsarbeiterin» zur Pfarrerin. Die bernischen Theologinnen auf dem steinigen Weg zur beruflichen Gleichberechtigung, Bern 2000 (Schriftenreihe des Synodalrates, H. 18), 11.
23 Das Verhältnis von Religion und Staat ist in der Schweiz auf kantonaler Ebene geregelt. In diesem Fall handelt es sich also um ein Berner Kirchengesetz.
24 Lindt-Loosli, Hanni: Von der «Hülfsarbeiterin» zur Pfarrerin, 6.

flecht von Staat, Kirche und Theologie spielte auch die Ambivalenz der
christlichen Religion gegenüber der Frage der Gleichstellung von Männern und Frauen eine wichtige Rolle. Einerseits gab es immer wieder
Versuche, die Gleichstellung im Namen der christlichen Religion zu ver-
hindern, andererseits trugen gerade auch christliche Traditionen zur religiösen und sozialen Emanzipation von Frauen bei.

Seit jeher sei das Verhältnis Kirchen – Frauen von Ambivalenz geprägt, stellt die Religionssoziologin Martine Haag fest: «Einerseits bilden
die Kirchen ein ihnen [den Frauen] offen stehendes Betätigungsfeld, andererseits sind sie ein Legitimationsfaktor für das Patriarchat und dessen
Modell der Aufgabenteilung zwischen Mann und Frau.»[25] Gestützt auf
das Modell der Arbeitsteilung zwischen Mann und Frau haben die Kirchen die Frauen bis ins 20. Jahrhundert hinein von Leitung und Lehramt
ausgeschlossen.[26] Frauen war während Jahrhunderten der innerhäusliche,
familiäre Bereich zugewiesen worden. Dies hatte zur Folge, dass Frauen
in der Öffentlichkeit mehrheitlich abwesend waren. Zimmerli-Witschi:
«Die ‹eingemauerte› Frau war sowohl wirtschaftlich, rechtlich und sexuell
völlig vom Ehemann abhängig. Diese extrem patriarchalische Gesell-
schaftsstruktur war durch die Reformation entscheidend gefördert und
mitgeprägt worden.»[27]

2.4 Kirchliches Stimm- und Wahlrecht

Die neue Bundesverfassung von 1848 garantierte allen Männern das allgemeine Stimm- und Wahlrecht. Die Frauen wurden auf später vertrös-
tet. Man empfahl ihnen ein schrittweises Vorgehen zur Erlangung der
gleichen Rechte. Entsprechend dieser Strategie forderten viele Frauenvereine Ende des 19. Jahrhunderts Mitspracherechte in Schul-, Kirchen-
und Armenkommissionen.[28] Im Folgenden seien einige Meilensteine in

---

[25] Haag, Martine: Frauen im Pfarramt gleichgestellt? (Studien und Berichte aus
      dem Institut für Sozialethik des Schweizerischen Evangelischen Kirchen-
      bundes 55), Bern 1997, 7.
[26] Ebd., 7.
[27] In: Bietenhard, Sophia u.a. (Hrsg.): Zwischen Macht und Dienst, 72.
[28] Frauen Macht Geschichte. Frauen- und gleichstellungspolitische Ereignisse
      in der Schweiz 1848–2000, hrsg. v. der Eidgenössischen Kommission für

der Entwicklung der evangelischen, zumeist reformierten Kirchen auf-
geführt.[29]

Schnell handelten die Westschweizer protestantischen Kirchen: 1891
erhielten die Frauen in der Freien Kirche Genf (église libre) das aktive
Stimmrecht. 1898 zog der Kanton Waadt nach; ab 1910 erlangten die
Frauen in den reformierten Deutschschweizer Landeskirchen mit dem
Eintrag ins Stimmregister das aktive Wahlrecht. Als erster Kanton in der
Deutschschweiz führte Appenzell Ausserrhoden das Stimm- und Wahl-
recht für Frauen in den Kirch- und Schulgemeinden ein. 1918 wurden
die ersten Frauen in Kirchenvorstände der Evangelisch-reformierten
Kirche des Kantons Graubündens gewählt. Genf spricht 1923 Frauen
das passive Wahlrecht für Kirchenrat, Synode und Kirchenvorstand zu.
(Eine eventuelle Frauenmehrheit wird reglementarisch ausgeschlossen.
Das Konsistorium bleibt weiterhin nur den Männern vorbehalten.) 1924
beruft man in Basel-Stadt erstmals Frauen in die Synode. 1957 verlieren
die reformierten Frauen im Kanton Schwyz durch die öffentlich-recht-
liche Anerkennung der kantonalen reformierten Kirche das kirchliche
Stimmrecht. Sie haben es erst 1972 wieder erhalten.

2.5 Einsatz fürs Pfarramt

Bevor Frauen sich den Zugang zum Pfarramt erkämpfen konnten, mussten sie sich für den Zugang zum Theologiestudium stark machen.
Gemäss protestantischer Auffassung gilt nämlich die theologische Qualifikation als ein wichtiges Element der Amtslegitimation. «Seine Kompetenz, biblische Texte zu interpretieren, macht den Pfarrer zum Mann der
Wissenschaft und der Lehre», schreibt Martine Haag.[30] 1908 immatriku-
lierten sich die ersten zwei Schweizer Theologiestudentinnen an der
theologischen Fakultät der Universität Zürich. Die nachfolgende Geschichte macht deutlich, dass der Weg der Frauen zum Pfarramt mit Ge-
setzen und Vorurteilen gepflastert war.

Frauenfragen, Bern 2001, 2.1 – Der lange Weg zum Stimm- und Wahlrecht
für Frauen, 3.

[29] Ebd., 2.2 – Politische Teilrechte für Frauen in Kantonen und Gemeinden,
3–8.

[30] Haag, Martine: Frauen im Pfarramt gleichgestellt?, 11.

Rosa Gutknecht (1885–1959) und Elise Pfister (1886–1944) legten ihr Examen 1917/18 an der Theologischen Fakultät Zürich ab. Um als Pfarrerin wählbar zu werden, hätten sie die Prüfung vor der kirchlichen Prüfungskommission der Konkordatskirchen, KBP[31], ablegen müssen. Die beiden Theologinnen wurden zwar bald darauf als erste Theologinnen von der Evangelisch-reformierten Landeskirche Zürich ordiniert, erhielten vorerst aber keine Stelle, weil sie als Pfarrerinnen ohne KBP-Prüfung nicht wählbar waren. 1920 beschloss die Zürcher Synode eine Ergänzung der Kirchenordnung mit der Absicht, das Pfarramt für Frauen zu öffnen. Doch hier machte die Zürcher Landeskirche die Rechnung ohne den Staat. Der Zürcher Regierungsrat lehnte die Ergänzung ab. Daraufhin rekurrierte die Zürcher Synode beim Bundesgericht. Doch auch hier scheiterte sie. Die Frauen seien wegen fehlender politischer Wählbarkeit nicht in ein Pfarramt der Zürcher Landeskirche wählbar, so die Begründung des obersten Gerichts in Lausanne.[32] 1919 wurde Rosa Gutknecht als sogenannte «Pfarrhelferin» am Grossmünster in Zürich angestellt, 1939 ernannte man sie zur ersten Präsidentin des neu gegründeten Schweizerischen Theologinnenverbandes. Bereits 1917 hatte Gutknecht erstmals in Safenwil im Kanton Aargau eine Predigt gehalten.

Die Einsetzung einer «wilden» Pfarrerin in Furna GR (ohne Ordination und ohne Bewilligung des Kirchenrats[33]) sowie die Wahl von Mathilde Merz (1899–1987) in Lenzburg AG lösten 1931 einen Schub von Diskussionen und Demarchen in den Synoden aus.[34] Gemäss dem Kirchenhistoriker Peter Aerne vollzog sich die Zulassung der Frauen

---

[31] Das Konkordat vom 24. Februar 1862 regelte die gegenseitige Zulassung von Pfarrpersonen in folgenden Kantonen: GL, BS, SH, AR, SG, TG, ZH, BL und AG. Vgl. dazu Aerne, Peter: «Die dagegensprechenden Argumente sind nur gefühlsmässiger Art und aus der Tradition erwachsen». Der lange Marsch der Frauen ins Pfarramt, in: Argovia 116, 2004, 36.

[32] Stückelberger, Benjamin: Rosa Gutknecht, in: Krieg, Matthias/Zangger-Derron, Gabrielle (Hrsg.): Die Reformierten. Suchbilder einer Identität, Zürich 2002, 196f.

[33] Die Bündnerin Greti Caprez-Roffler (1906–1994) bekleidete ein volles Pfarramt, war verheiratet und Mutter.

[34] Vgl. dazu Aerne, Peter: «Die dagegensprechenden Argumente sind nur gefühlsmässiger Art und aus der Tradition erwachsen», 61.

zum Pfarramt in zwei Schritten: In den 30er Jahren des vorigen Jahrhunderts ging es vorerst um die Einführung des Amtes der «Pfarrhelferin» mit eingeschränkten Kompetenzen. In einem zweiten Schritt Ende der 50er, anfangs der 60er Jahre, wurde das volle Pfarramt eingerichtet, teilweise mit Einschränkungen.[35] So mussten die Frauen unverheiratet sein.[36] Das Fazit Aernes: Es dürfe nicht vergessen werden, dass die Frauen auf dem dornigen Weg zum Pfarramt abhängig vom Wohlwollen der Männer waren. Die Frauen handelten, die Männer reagierten. Angesichts der statistisch gesehen verschwindend kleinen Minderheit der Theologinnen erscheint «die Abwehr von männlicher Seite völlig unverhältnismässig»[37]. Schlagende rationale Argumente seien nicht eingebracht worden. Vielmehr sei es seines Erachtens darum gegangen, Frauen möglichst lange vom Pfarramt, das heisst von einer vermeintlichen Machtposition fernzuhalten. Aerne: «Die von einer Synodalkommission der Aargauer Kirche 1959 treffend formulierten Worte ‹Die dagegensprechenden Argumente sind nur gefühlsmässiger Art und aus der Tradition erwachsen› haben durchaus ihre Richtigkeit.»[38]

2.6 Und heute?

«Kirchliche Kreise sind sich weitgehend darüber einig, dass die Kirchen mit der Zulassung der Frauen zum Pfarramt angemessene Voraussetzungen für die Geschlechtergleichstellung geschaffen haben», schreibt die Religionssoziologin Haag.[39] Sie vertritt aber die gegenteilige Meinung, wonach in der Debatte über die Zulassung der Frauen die Frage der Gleichstellung keine wichtige Rolle gespielt hat.[40] Es seien nämlich keine Massnahmen ergriffen worden, um die Teilhabe der Frauen an der seel-

---

[35] Siehe dazu in diesem Buch das Porträt von Sylvia Michel, die 1964 als erste Frau allein – ohne einen Pfarrer an ihrer Seite – ein Pfarramt in der Aargauer Gemeinde Ammerswil übernahm.
[36] Aerne, Peter: «Die dagegensprechenden Argumente sind nur gefühlsmässiger Art und aus der Tradition erwachsen», 61.
[37] Ebd., 62f.
[38] Ebd., 63.
[39] Haag, Martine: Frauen im Pfarramt gleichgestellt?, 43.
[40] Ebd., 40.

sorgerlichen Macht zu fördern. Von den Frauen wurde weiterhin erwartet, dass sie Beruf (Amt der Pfarrerin) und Familie unter einen Hut brächten.[41] Infolge dieser Doppelbelastung üben viele Pfarrerinnen ihr Amt heute in Teilzeit aus. Zu lange hätten sich die Frauen mit den «Brosamen der Herren» zufrieden gegeben, schrieb Rosmarie Brunner, Präsidentin der Reformierten Theologinnen Schweiz im Vorwort der Broschüre zum 60-Jahr-Jubiläum des Verbandes.[42] Der Kampf um das vollgültige Pfarramt war jahrzehntelang ein Hauptanliegen dieser Vereinigung. Jetzt aber sei eine neue Zeit angebrochen, schreibt Brunner: «Wir gestalten das Pfarramt als Frauen selber, wir hinterfragen die Formen und Inhalte unserer Arbeit und bringen die vielfältigen Erfahrungshorizonte der Frauen zur Sprache.» Die Frage nach der weiblichen Ausgestaltung des Amtes ist in den 90er Jahren ins Zentrum der Diskussion gerückt.

Nicht alle sind mit dieser Sicht einverstanden. In einer Extrabeilage der «Reformierten Presse» (der schweizerischen Wochenzeitung für kirchliche Mitarbeitende) widmete sich die Redaktion ausführlich dem Thema «Frauen in der Kirche und das Verschwinden der Männer».[43] «In der Kirche haben die Frauen mehr und mehr das Sagen», schrieb die Chefredaktorin Sylvia Senz im Editorial. Doch stimmt das, haben die Frauen das Sagen? In derselben Nummer zog der Sozialwissenschaftler Charles Landert unter dem Titel «Kirche: Frauensache?» Bilanz.[44] Er analysierte, wer wie wo in der Evangelisch-reformierten Landeskirche Zürich mitarbeitet. Sein Fazit: Männer seien in kirchlichen Kaderpositionen überproportional vertreten, in den Laienbehörden knapp zur Hälfte und in Bezug auf andere Bereiche (sozialdiakonische Arbeit, Freiwilligenarbeit, Gottesdienstbesuch) markant untervertreten.[45]

In konkreten Zahlen ausgedrückt heisst das: Vier Fünftel aller Pfarrstellen werden nach wie vor von Männern besetzt, vier Fünftel der

---

[41] Ebd., 43f.
[42] Reformierte Theologinnen Schweiz (Hrsg.): Beruf Pfarrerin. Persönliche und theoretische Beiträge von reformierten Theologinnen, Bern 1999, 3. Der Verband löste sich 2001 auf.
[43] Annex, Die Beilage zur Reformierten Presse 4/2004.
[44] Ebd., 3–7.
[45] Ebd., 7.

Freiwilligenarbeit wird von Frauen geleistet, von insgesamt 1400 Kirchenpflegemitgliedern sind 45 % Männer (Synode: 58 %). Männer betreuen überdurchschnittlich häufig die Ressorts Finanzen, Liegenschaften und Öffentlichkeitsarbeit.[46] Christoph Walser, zuständig für die Männerarbeit in der Zürcher Landeskirche, konstatiert: Männer setzen sich dort ein, wo es um Macht und Organisation geht, und kümmern sich wenig um Inhalte[47].

Einem weiblicheren Gesicht der Kirchen kann die Theologin Doris Brodbeck nur Positives abgewinnen. Die Kirchen seien lebendiger geworden, statt Autorität und Machtgefälle sei ein demokratisches Miteinander entstanden. Sie meint: «Die Männer zurückholen können wir nicht über Anleihen aus einer Zeit hierarchischer Kirchenstrukturen, sondern indem wir sie mit einbinden in einen demokratischen Prozess.»[48] Die Auseinandersetzungen in den reformierten Kirchen in den kommenden Jahren können also spannend werden.

[46] Ebd., 4.
[47] Ebd., 15.
[48] Ebd., 19.

Porträts
von zwölf Kirchenpräsidentinnen
der ersten Generation

Eine Entwicklung hin zu mehr Übersicht

Sylvia Michel: Kirchenratspräsidentin der Reformierten
Landeskirche Aargau von 1980 bis 1986

Esther Girsberger

Sylvia Michel war gesamtschweize-
risch die erste Frau, die als Kirchenratspräsidentin eine Landeskirche leitete. Sie führte von 1980 bis 1986
nicht etwa eine kleine Kirche, sondern die Reformierte Landeskirche
Aargau, nachdem sie 1974 – ebenfalls
als erste Frau – in den Aargauer Kirchenrat gewählt worden war. Die am
25. Dezember 1935 geborene Theologin war aber nicht nur die erste
Kirchenratspräsidentin, sie war auch
die erste Frau, die allein – ohne einen
Pfarrer an ihrer Seite – ein Pfarramt
übernahm, 1964 dasjenige der Aargauer Gemeinde Ammerswil. Ihret-
wegen musste sogar die Kirchenordnung geändert werden. Wobei Sylvia
Michel betont, der Revisionsvorgang sei schon im Gange gewesen, die
Streichung des Passus, wonach eine Frau nur dann ein Pfarramt leiten
durfte, sofern noch ein männlicher Pfarrer in der Gemeinde diente, sei
ohnehin vorgesehen gewesen. «Ich habe nie ganz herausgefunden, was
mir ein männlicher Kollege in meinem Pfarramt wesentlich hätte helfen
können», sagt Sylvia Michel. Aber wahrscheinlich sei diese Regel darauf
zurückgegangen, dass sich nicht alle Männer einer Frau Pfarrer hätten
anvertrauen wollen. In Zürich, das nur nebenbei bemerkt, bestand diese
Bedingung zehn Jahre länger als im Kanton Aargau.

Die in Luzern aufgewachsene gebürtige Aargauerin bildete sich nie
viel auf ihre Pionierrolle ein. «Ich bin im Kanton Aargau nicht angetreten, um zu beweisen, dass ich als Frau das Amt ausüben kann.» Weder
störte sie sich gross daran, dass das Pfarrkapitel trotz ihrer Anwesenheit
jeweils die Anredeformel «liebe Väter und Brüder» benutzte, noch war

ihr – anders als der Generation danach – wichtig, dass sie ihr Amt als
Pfarrerin und nicht als Pfarrer ausübte. 1971 bis 1974 war sie Präsidentin
der Frauenzentrale Aargau. In dieser Funktion baute sie auf breiter Basis
eine Beratungsstelle für Familienplanung auf. «Aber ich fühlte mich
immer auch für die anderen mitverantwortlich, also nicht nur für die
Frauen.» Theologisch interessierte sich Sylvia Michel nicht in erster Linie
für die zu ihrer Zeit hoch im Kurs stehende feministische Theologie (für
die sie zwar mitgedacht und deren Anliegen sie teilweise auch übernommen hatte). Das Anliegen der feministischen Theologinnen, ein neues
Gottesbild zu zeichnen und die Vorstellung des patriarchalischen Herrn
aufzugeben, habe sie zwar nachvollziehen können. «Aber man muss dafür auch die Männer mitnehmen und mit ihnen zusammen eine neue
Sprache finden.» Dass diese Ansicht nicht allen gefiel und Sylvia Michel
gerade auch von Frauen angegriffen wurde, damit konnte sie umgehen.
Obwohl sie überzeugt ist, dass gerade die, welche in der Gesellschaft in
der Defensive sind, eigentlich zusammenhalten müssten – auch bei kontroversen Meinungen.

Für Sylvia Michel stand die politische Theologie an sich im Mittelpunkt, «eine Theologie, die sich einmischt». Im aargauischen Ammerswil
hielt sie unter anderem Predigten zum Vietnam-Krieg. «Aber nie, ohne
dass ich im Nachhinein mit den Leuten zusammengesessen und meine
Ansichten mit ihnen diskutiert hätte.»

Am intensivsten kam das theologisch-politische Interesse Sylvia Mi-
chels ab 1982 zum Tragen, als sie als Mitglied der Delegation des Schweizerischen Evangelischen Kirchenbunds SEK an der Vollversammlung
des Reformierten Weltbunds in Ottawa teilnahm. An dieser Versammlung wurden die Südafrika-Beschlüsse gefasst, bei denen es um die Frage
ging, inwieweit die Apartheid mit dem Evangelium vereinbar sei. Gar
nicht, war die Überzeugung von Sylvia Michel. Diese Überzeugung vertrat sie auch nach ihrer Rückkehr in die Schweiz in allen Gremien sehr
dezidiert. Was ihr seitens der Aargauer Synode beileibe nicht nur Freunde eingetragen hat. Ihr diesbezügliches Engagement führte dann aber
dazu, dass sie 1985 in den Vorstand des SEK gewählt wurde, in dem sie
das Ressort Diakonie, Frauen, Tourismus und Südafrika übernahm. In
dieser Funktion war sie als Vertreterin des Kirchenbundes bei den insti-
tutionalisierten Gesprächen zu Südafrikafragen mit der Bankiervereini-
gung nicht nur dabei, sondern leitete diese auch. Mit grosser Leiden-
schaft, weil sie das Spiel der verschiedenen Meinungen, Kräfte und

Überzeugungen von jeher faszinierte. Und weil sie gerne ausreizte, wie weit man trotz kontroversen Stellungnahmen kommen kann.

Bei dieser Liebe zur Dialektik kommt nicht von ungefähr, dass Sylvia Michel auf die Frage, was ihre Zeit als Kirchenratspräsidentin vor allem geprägt habe, nur eine Antwort kennt: «die Synode». Sie habe eine richtige «Synoden-Sucht» gehabt, weil dort die verschiedensten Strömungen zusammengekommen seien, weil «die Aargauer Kirche in der Synode am lebendigsten war» und die Pfarrerin dort ihre besondere Fähigkeit ausleben konnte: kontroverse Auseinandersetzungen erwirken, diskutieren und dabei gleichzeitig die Übersicht wahren.

Bereits im Theologiestudium haben Sylvia Michel nicht die Einzelheiten interessiert, sondern der Überblick, «die grossen Linien». Natürlich seien die einzelnen Fakten Voraussetzung, um sich überhaupt einen Überblick zu verschaffen. Aber richtig interessiert sei sie eigentlich nur an der Analyse gewesen, «eine Forscherin war ich nie». Dieses Bedürfnis nach dem Gesamtzusammenhang hat Sylvia Michel aber auch verunsichert: Sie zweifelte an ihrer Fähigkeit, überhaupt exakt arbeiten zu können. Um sich dieser Prüfung zu stellen, editierte sie als Akzessarbeit fürs Staatsexamen ein Martyrolog[1] aus dem 9. Jahrhundert. Eine akribische Fleissarbeit, die der Kirchengeschichtslehrer mit folgenden schriftlichen Worten honorierte: «Ihre Präzisionsarbeit habe ich mit hohem Lob versehen der Fakultät eingereicht.»

Seither widmet sich Sylvia Michel mit besserem Gewissen den grossen Linien, dem Blick aufs Ganze. Anders als in der heutigen Zeit, in der das Aargauer Kirchenratspräsidium ein Vollamt ist, konnte Sylvia Michel nur einen Tag pro Woche dafür aufwenden. «Aber da stand zum Beispiel auch noch nichts Operatives in meinem Pflichtenheft, etwa Personalfragen.» Diese Aufgaben hatte der damalige Kirchenratssekretär, Pfarrer Kurt Walti übernommen, mit dem Sylvia Michel bestens harmonierte und ohne den sie ihre damalige Mehrfachbelastung wohl nicht hätte meistern können. Schon gar nicht, als sie in den Jahren 1985/86 neben ihrem Kirchenratspräsidium auch noch die Vorstandsarbeit im SEK hat-

---

[1]   Kalendarisch geordnetes Verzeichnis von Gedenktagen der Heiligen, das ursprünglich nur Märtyrer, später auch Bischöfe, Bekenner in Verfolgungszeiten und weitere historische kirchliche Persönlichkeiten umfasste.

te und ihre Pfarrgemeinde betreuen musste. «Eine Dreifelder-Wirtschaft ohne Brache», sagt Sylvia Michel heute mit Humor. Ohne zu verschweigen, dass sie diese Dreifachbelastung nur mit äusserster Anstrengung habe durchhalten können.

Sylvia Michel gehörte dem Kirchenrat insgesamt 14 Jahre lang an – von 1974 bis 1986, die letzten sechs Jahre als Präsidentin. Auch sonst ist die Theologin ihren Ämtern sehr treu geblieben: 17 Jahre lang war sie Pfarrerin in Ammerswil, anschliessend ebenso lange im aargauischen Bremgarten. Sie habe es «nur auf zwei Gemeinden gebracht», weil es bei ihr lange dauere, bis es ihr richtig wohl sei – «mindestens fünf Jahre». Die Gemeinden dankten ihre Treue mit viel Zuneigung, die bis heute anhält. Sogar die Frauen gegenüber eher kritisch eingestellten männlichen Gemeindemitglieder seien voller Stolz gewesen, als sie im Fernsehen DRS zwischen 1974 und 1978 das «Wort zum Sonntag» gesprochen habe. Ja, sie hätten «unsere Frau Pfarrer» gelobt. Nie sei sie wegen ihres Geschlechts diskriminiert worden: «Wenn ich kritisiert wurde, dann zum Beispiel, weil man den Eindruck hatte, ich hätte es zu sehr mit den Jungen», sagt die kinderlose Sylvia Michel, deren Ehe mit dem damaligen Gehörlosenpfarrer Eduard Kolb 1978 nach 12 Jahren geschieden wurde.

Gründlichkeit und Gewissenhaftigkeit sind ohne Zweifel mitverantwortlich für die berufliche Treue der leidenschaftlichen Leserin. Auch ihre späteren internationalen Ämter behielt sie lange: Zwischen 1987 und 1995 war sie Mitglied der Kommission «Diakonie in Europa» des ÖRK/RWB. Wiederum nach acht Jahren trat sie im Jahre 2000 als Präsidentin des Internationalen Verbandes für Diakonie, ab 1996 Eurodiakonia, zurück. Der Diakonie blieb sie insofern bis vor kurzem treu, als sie 1998 bis Ende Mai 2006 Präsidentin des Stiftungsrats der Stiftung Diakoniewerk Neumünster – Schweizerische Pflegerinnenschule war. Heute pflegt Sylvia Michel, die in einem dreihundertjährigen, praktisch unveränderten Flarzhaus im zürcherischen Mönchaltorf wohnt, ihre Liebhabereien: deutsche Literatur und klassische Musik. Sie sitzt aber auch stundenlang da und denkt nach, über das eigene Leben und über die Kirche. Es treibt sie um, dass sich in der Theologie gegenwärtig wenig bewege. Vielleicht müsse man sich das neueste Buch von Hubertus

Halbfas[2] zu Herzen nehmen, in dem er schreibt, dass man historisch-kritische Forschung in der Theologie den Gemeindemitgliedern zur Kenntnis bringen müsse, ohne Angst, sie in ihrem Glauben zu erschüttern. Das sei «unabdingbar, wenn man in der Kirche zu einem neuen Diskurs kommen will», ist Sylvia Michel überzeugt.

Und was wünscht sich Sylvia Michel für sich selbst? Vor nicht allzu langer Zeit habe sie einen Spruch gelesen, wonach man «der Wahrheit des Lebens Stand halten soll». Diesem Anspruch könne man zwar nicht gerecht werden. Aber es gebe Dinge in ihrem Leben, die sie auch unter diesem Aspekt nochmals anschauen wolle. Vor allem kurz nach ihrer Pensionierung habe sie die Frage bewegt, wann sie ungerecht oder unbedarft gewesen sei. Nach Gesprächen im Freundeskreis und der beruhigenden Feststellung, dass sich auch andere mit dieser Frage beschäftigten, kümmert sie sich heute wieder vermehrt um das, was sie ein Leben lang angestrebt hat: «Eine Entwicklung hin zu mehr Übersicht. In Bescheidenheit.»

---

2 Die Bibel, erschlossen und kommentiert von Hubertus Halbfas, Düsseldorf 2001, 600 Seiten.

Würde es ohne die Frauen überhaupt noch Kirchen geben?

Nicole Fischer-Duchâble: Présidente du Synode de l'Eglise Nationale Protestante de Genève von 1980 bis 1983

Esther Girsberger

Nicole Fischer-Duchâble hat die Energie ihres mittlerweile 71 Jahre dauernden Lebens der Gerechtigkeit und der Kirche gewidmet, genauso wie ihr Ehemann Jean. Sie tat und tut es, weil sie beispielsweise den Einsatz gegen die Apartheid oder für die Gleichstellung der Frau in der Gesellschaft als wichtige Aufgabe ebenso der lokalen Kirche wie der Weltkirche empfindet. «Nur so werden wir dem Evangelium gerecht.» Seit sich Nicole Fischer erinnern kann, sei die Kirche für sie gelebte Realität gewesen, mit all ihren Schwächen, aber auch all ihren Stärken, für die es sich lohne, sich einzusetzen.

Den ersten konkreten Einsatz für die Kirche leistete Nicole Fischer mit knapp 21 Jahren. Ihre Freunde wunderten sich, dass sich die fröhliche, aufgestellte und extrovertierte Schauspielschul-Elevin dazu entschloss, 1956 für acht Jahre nach Sambia zu übersiedeln, wo ihr Mann im Auftrag der Société des missions évangéliques de Paris eine Berufsschule führte. Auf den afrikanischen Kontinent gelangten sie per Schiff. Das Erste, was Nicole Fischer beim Anlegen in Südafrika auffiel, waren die Sitzbänke für Schwarze und Weisse. «Das war nur einer von vielen einschlägigen Eindrücken. Obwohl ich damals noch so jung und unerfahren war, dass ich in den ersten Jahren vor allem staunte und lernte.» Für hiesige Verhältnisse schlug sich die fünfköpfige Familie – die drei Kinder wurden alle in Afrika geboren – mit einem bescheidenen Einkommen durch. Nach acht Jahren konnte der Schuldirektorenposten von einem

Sambier übernommen werden. Da hatte das Ehepaar Fischer wirklich den Eindruck, seine Mission erfüllt zu haben: «Wir haben festgestellt, dass das, was am meisten fehlt in Afrika, die finanziellen Mittel zur Realisierung der Projekte sind. Wir haben unser Projekt realisiert.»

Die Zeit in Afrika war für Nicole Fischer in verschiedener Hinsicht prägend. Fortan setzte sie sich für eine «globale Kirche» ein, für eine Kirche, die auf politische und internationale Ereignisse «alerte»[1] reagiert, und für ein Evangelium, das immer wieder neu interpretiert werden muss. «Die Kirche ist nur dann eine lebendige Kirche, wenn sie sich auf dem Laufenden hält und zu einer handelnden Kirche wird.» Die Botschaft sei zwar immer dieselbe. Aber die Art, wie sie verkündet werde, ändere sich entsprechend den gesellschaftspolitischen Entwicklungen.

Zurück in Genf war Nicole Fischer als Dolmetscherin tätig und reiste an verschiedene internationale Konferenzen, darunter Versammlungen des Weltkirchenrats[2], der auf eine lange Geschichte des Einsatzes für Menschenrechte und Religionsfreiheit zurückblicken kann. Eigentlich ist es also nicht weiter erstaunlich, dass Nicole Fischer Mitte der 70er Jahre angefragt wurde, Mitglied des Evangelisch-Reformierten Kirchenrats des Kantons Genf zu werden. Lust dazu hatte die knapp 40-Jährige. Aber gleichzeitig hatte sie das untrügliche Gefühl, dass man einfach eine Frau haben wollte – unabhängig von deren Qualifikationen. Der frei werdende Sitz war nämlich von einer Frau besetzt gewesen, die sowohl vom Alter als auch von ihren Qualitäten her nicht dem Profil von Nicole Fischer entsprach: «Ich war jung, sah meine Fähigkeiten anderswo und hatte den Eindruck, als Alibi-Frau angefragt worden zu sein.»

Dass Nicole Fischer auf die Frauenfrage sensibilisiert war, hatte nicht zuletzt mit ihrer Tätigkeit als Dolmetscherin zu tun: «Viele Männer haben es schlecht ertragen, dass ich als selbständig erwerbende Frau erst noch in der Welt herumreiste.» Zwei Jahre später, 1975, sagte sie dann

---

[1] Frz. für «alarmiert»: sehr aufmerksam und bereit zu handeln bzw. Stellung zu nehmen.

[2] Weltkirchenrat: Ökumenischer Rat der Kirchen / ÖRK (engl. World Council of Churches / WCC); wurde am 23. August 1948 in Amsterdam gegründet als zentrales Instrument der ökumenischen Bewegung; weltweiter Zusammenschluss von fast 350 Mitgliedskirchen in mehr als 120 Ländern auf allen Kontinenten.

doch zu. Diesmal mit Erfolg. Sie hatte immer betont, sich in der Ökumene sowie der Öffentlichkeitsarbeit kompetent zu fühlen. Also beauftragte man sie mit der Kommunikation und der Ökumene. Dass man sie ein zweites Mal fragte, war keine Selbstverständlichkeit. Hatten sich doch viele Kirchenratsmitglieder über die erste Absage geärgert.

Zwei Jahre lang lernte Nicole Fischer nicht nur den Kirchenrat kennen, sondern auch die Arbeitsweise in einem kollektiv handelnden Gremium. Dank ihrer Überzeugungskraft war sie gut integriert und geschätzt. Als man sie dann fragte, ob sie das Präsidium übernehmen würde, hatte sie dennoch grösste Zweifel. «Meine Erziehung war auf eine spätere Ehe ausgerichtet, nicht auf eine Führungsaufgabe. Wie sollte ich mich in einer Versammlung spontan erheben und eine Meinung abgeben können? Sich das zuzutrauen – ist das seriös?», fragte sich Nicole Fischer. Sie konsultierte diesbezüglich ihre drei Vorgänger, die allesamt erstaunt waren ob dieser Bedenken. Sich zu exponieren, das sei für Frauen eben weit weniger selbstverständlich als für Männer. Aber die grosszügige Offerte und die stimulierende Herausforderung waren dann doch überzeugender als Selbstzweifel und Scheu. Allerdings pochte Nicole Fischer darauf, dass ihr Präsidium ein Jahr vor Amtsantritt angekündigt würde: «Ich wollte mich vorbereiten und ich wollte, dass alle, die sich eine Zusammenarbeit mit mir, einer Frau, nicht vorstellen konnten, die Möglichkeit hatten, sich vor der Präsidiumsübernahme zu verabschieden.» Es ging keiner und keine.

Die Wahl der ersten Kirchenratspräsidentin im Kanton Genf war ein bedeutendes Ereignis. Alle Zeitungen berichteten darüber. «Einmal hat ein Professor der theologischen Fakultät der Universität Genf meinen Mann gefragt, wie es denn sei, jede Nacht Seite an Seite mit der Kirchenautorität zu verbringen.» Das war zwar eine eher schlüpfrige Frage, aber sie traf den Nagel auf den Kopf. Denn obwohl die Evangelisch-reformierte Kirche im Kanton Genf heute eine Minderheit repräsentiert, ist sie sich ihrer eindrücklichen Vergangenheit während des 16. Jahrhunderts – insbesondere zur Zeit Calvins – bewusst, äusserst lebendig und bedeutend geblieben.

Während ihrer Vorbereitungszeit wurde Nicole Fischer klar, welches Ziel sie als Kirchenratspräsidentin verfolgen wollte: «Die Mission der Kirche in ihrer Globalität wiedererwecken, sowohl gegen innen als auch gegen aussen.» Ohne Schwierigkeiten gewählt, ging Nicole Fischer zielstrebig an die Arbeit. Die Kirche wieder als global agierende Institution darzustellen, hiess auch, die Strukturen anzupassen und teilweise zu ändern. Ein Vorhaben, das Widerstand provozierte! Gelungen sei ihr dieser Kraftakt auch deshalb, weil die Pfarrer froh waren, dass sich die Präsidentin nicht hinter einem Kollektiv versteckte, sondern sichtbar war – sich auch exponierte. Ein Umstand, der sich in unendlich vielen öffentlichen Auftritten zeigte. Die Aufgabe lag Nicole Fischer durchaus, da sie ihre Gedanken gerne in Reden festhält. «Die protestantische Kirche hütet sich zu Recht davor, zu viel Macht in die Hände einer einzigen Person zu legen. Aber das bringt auch die gefährliche Versuchung mit sich, sich hinter einer Gruppe zu verschanzen», bekräftigt Nicole Fischer. Diese Gratwanderung – hinzustehen, Entscheidungen zu treffen, aber gleichzeitig auch den Charakter der kollektiven Verantwortung zu bewahren – das sei schwierig, aber auch reizvoll.

Vier Jahre lang, zwischen 1980 und 1983, übte Nicole Fischer das Präsidium aus. Länger durfte sie nicht, da die damalige Kirchenordnung keine zweite Amtsperiode erlaubte. Auch hier zeigt sich vielleicht die Furcht vor zu viel Macht für eine Person. Inzwischen wurde diese Bestimmung geändert, wohl auch deshalb, weil sich kaum jemand für ein unbezahltes 50 %-Amt mehr finden liesse. «Meine Vorgänger haben immer gesagt, man müsse als Kirchenratspräsident reich sein. Mein Mann hat gesagt, man müsse einen anständig verdienenden Ehemann haben!» Mit dem Erreichten ist Nicole Fischer nicht unzufrieden: «Ich war zwar nur ein kleines Glied in einer grossen Kette, die schon lange vor mir geknüpft worden ist. Und die auch heute noch nicht zu Ende ist. Aber man weiss, welche Bedeutung jedes noch so kleine Kettenglied hat.»

Über mangelnde Angebote nach ihrem Rücktritt konnte sich Nicole Fischer nicht beklagen. Aber sie wollte etwas komplett Neues machen, nicht das Gleiche in leicht abgeänderter Form. Dieses komplett Neue kam dann auch: Von 1985 bis 1997 war sie Referentin im Ökumenischen Rat der Kirchen. In dieser Funktion leitete sie das Projekt «Women in Church and Society – Ökumenische Dekade Kirchen in Solidarität mit Frauen».

Nicole Fischer bezeichnet die Leitung dieses Projekts als ihren beruflichen Höhepunkt. Es ging darum, weltweit 340 Kirchen und Kirchenleitungen sowie lokale Frauen-Organisationen zu besuchen und unter anderem nach der Rolle der Frau in der Kirche zu fragen, nach der Solidarität der Kirchen mit den Frauen in der Gesellschaft und dem Beitrag im Kampf gegen die Frauenarmut. Die Besuche wurden von einer Vie-

rerdelegation gemacht, darunter immer einer Frau vor Ort. Nicole Fischer hat selber viele Kirchen der Welt besucht. «Ich war nach zwölf
Jahren im Weltrat der Kirchen komplett erschöpft. Aber es war unglaublich bereichernd.» Die Erkenntnisse dieser Besuche sind in einem über
1800-seitigen Bericht zusammengefasst, welcher insbesondere wissenschaftlichen Zwecken dient. Um die Folgerungen aber einem breiteren
interessierten Kreis zugänglich zu machen, erschien eine 60-seitige Zusammenfassung mit dem Titel «Lebendige Briefe», welche die enorm
wichtige Stellung der Frau in der Kirche unterstreicht. Die Präsidentin
einer afrikanischen Kirche fasst es so zusammen: «Die Frauen sind die
Stützen der Kirche. Würde es ohne die Frauen überhaupt noch Kirchen
geben?»

Heute sitzt Nicole Fischer im Stiftungsrat des HEKS und hat noch
mehrere andere Ehrenämter. Daneben praktiziert sie die ihr wichtige
Nächstenliebe im privaten Bereich. Sie bezeichnet sich als «grand-mère à
temps partiel» für ihre neun Enkelkinder.

Unkonventionell und unerschrocken

Hedwig Schneider: Präsidentin der Evangelisch-reformierten Kirche des Kantons Freiburg von 1980 bis 1990

Karin Ammann

Wenn man Hedwig Schneider nach ihrem Werdegang fragt, nach dem Bezug zur Kirche, kommt ihr gleich der Konfirmandenunterricht in den Sinn. Obgleich sie lieber mit dem Vater in die Berge ging statt zur Sonntagsschule – ja überhaupt kritisch eingestellt war gegenüber dieser Kirche. Dort aber packte es sie zum ersten Mal. Das lag nicht zuletzt an ihrem Gemeindepfarrer. Sie dachte: «Ja, diese Institution hat etwas für sich. Da lässt sich einiges ausrichten!» Nachher gings ins Welschland. Dies, obwohl sich besagter Kirchenherr dafür einsetzte, dass die aufgeweckte Schülerin das Gymnasium besuchte. Doch der Vater, ein Brienzer Schreinermeister, winkte ab: «Seine Tochter habe viele Talente, sie brauche nicht zu studieren …»

In Lausanne stiess die Deutschschweizerin zu einer Jugendgruppe. Sie bezeichnet diese Zusammenkünfte heute noch als «Highlight». Nach einem Jahr kehrte die «jeune fille» menschlich bereichert zurück und besuchte die Hauhaltschule. Nach dem Abschluss zog es Hedwig Schneider erneut in die Fremde, diesmal zu den Britischen Inseln. Sie landete nicht, wie befürchtet, auf einer Schaffarm, sondern auf einem Landsitz. Die Herrschaft war eng verbunden mit der Anglikanischen Kirche. Ihre Angestellten schnitten Rosen für die Kathedrale. Dort, in diesen Gemäuern, spürte Hedwig Schneider ein unglaubliches Zusammengehörigkeitsgefühl.

Aus der Heimat meldete sich ihr Pfarrer, schrieb fleissig Briefe. In ihren ersten Ferien besuchte die junge Köchin seine Predigten. Als die

Haushälterin ausfiel, sprang sie ein, übernahm spontan die Bewirtung der Gäste, welche nach den Gottesdiensten ins Pfarrhaus strömten. Die hier gepflegte Offenheit und Gastfreundschaft prägten die Heranwachsende.

Just als der Zweiten Weltkrieg ausbrach, reiste sie erneut nach England. Ihr Arbeitgeber, General John Wood, prophezeite, das Ganze würde maximal sechs Wochen dauern. Danach nähme er sie mit nach Tansania zu seinen Teepflanzungen. Der Krieg vereitelte dann dieses Vorhaben. Während der Invasion Frankreichs kehrte die Oberländerin in ihre Heimat zurück. Die Überfahrt gestaltete sich abenteuerlich: zuerst mit einem Truppentransport, dann nach Le Havre auf ein Schiff. Dort begegnete die einzige Privat-Passagierin einem Feldprediger. Die nächtlichen Gespräche vergisst sie nie. Seine Einschätzung der Lage, die Ruhe und Zuversicht imponierten ihr. Ja, sie erachtete sich als privilegiert. «Ich war viel besser dran als die Soldaten, welche nicht einfach heimfahren konnten.»

In der Schweiz absolvierte die «Weltenbummlerin» eine Lehre als Säuglingsschwester. Vor dem Morgenessen mussten die Schwesternschülerinnen jeweils einen Psalm singen. Am Schluss konnte Hedwig Schneider fast das ganze Psalmbuch auswendig. Fasziniert hat sie jedoch eine andere Einrichtung: die Andachten bei Pfarrer Klaus Schädelin. Sie stufte diese als kurzweilig ein, wenn auch nicht als ganz überzeugend. Nicht ausreichend für ein weiteres Engagement. Woher hätte sie auch die Zeit nehmen sollen? Da waren der Beruf, später die Heirat, Haus und Garten, die Geburt von sechs Kindern … Der Alltag hatte Vorrang.

Der erste offizielle Kontakt mit der Kirche kam erst über die Kinder zustande. Die Familienfrau wurde 1965 angefragt, ob sie das Präsidium der Reformierten Krippe übernehmen wolle. Daraufhin intensivierten sich die Beziehungen zur Kirchgemeinde. «Ich rutschte allmählich in diese Kreise hinein und begann, mich mit der kirchlichen Struktur auseinander zu setzen – immer noch skeptisch. Ich fand, dieses oder jenes sollten sie wirklich anders machen.»

1972 wurde im Synodalrat ein Sitz frei. Hedwig Schneider spekulierte keineswegs auf dieses Amt. Sie wusste nicht einmal, worum es genau ging. An der Synode wurde sie gewählt, «ohne dass mich die Delegierten gesehen hatten». «Lieber nahm man eine unerfahrene Frau als den angesehenen, versierten Gegenkandidaten aus Kerzers.»

An der ersten Sitzung wusste man nicht so recht, was mit ihr anfangen. Also schob ihr der damalige Präsident, Fritz Brechbühl, das Proto-

koll zu. Dieses führte die neue «Hilfskraft» exakt und wurde dadurch in
Kürze mit Abläufen, Klippen und Fallstricken vertraut. Ihr Ansehen
stieg, auch wenn sie bei der ersten Nagelprobe passte: dem obligaten
Jass. Die Taktikerin bevorzugte Schach. Also vervollständigte sie ihre Pa-
piere, im Schein der Ständerlampe. Derweil die Herren spielten.

Der Präsident registrierte die rasche Auffassungsgabe der Protokoll-
führerin, lud sie zu diversen Versammlungen ein. Sie enttäuschte ihn
nicht: «Ich notierte alles, passte auf wie ein Luchs, entwickelte ein Ge-
spür für das Atmosphärische. Oft als einzige Frau.» Gefördert und gefordert: Nach vier Jahren rückte Hedwig Schneider zur Vizepräsidentin auf.
Der scheidende Kirchenratspräsident protegierte die gewiefte Kollegin.
Trotzdem kam es zu einem Wirbel, als die 60-Jährige den Vorsitz des
Kirchenrats anstrebte. Wiederum beanspruchte ein Mann, ein langjähriges Ratsmitglied, gut vernetzt, den Vorsitz.[1] Das Resultat fiel allerdings
klar zu Gunsten von Hedwig Schneider aus.

Kaum im Amt, verfasste sie neue Leitlinien. Im Gegensatz zu ihren
Vorgängern wollte sie die Geschäfte nicht auf sich konzentrieren. Sie
schaffte Ressorts, verteilte Aufgaben aber auch Kompetenzen und Verantwortung. Modern ausgedrückt: Sie führte durch «Zielsetzung und De-
legieren». Hedwig Schneider wollte frei agieren, die Oberaufsicht bewahren. «Ich komme aus der Küche. Von dort rührt mein Organisationsstil.
Jeder tut das, was er kann und wozu er eingeteilt ist.» Sie handelte in
ihrem Stil: praxisorientiert, nicht theologisch.

Hedwig Schneider spannte die sechs Kirchenrätinnen und Kirchen-
räte ein: für klassische Aufgaben der Kirche. Sie pflegte derweil die Aus-
senbeziehungen, widmete sich längerfristigen Strategien. Wie reagierte
die Hausmacht, was dachten die internen Mitarbeitenden? Einige horch-
ten auf, andere zogen mit. Am Schluss profitierten alle. Insbesondere die
Minoritätskirche in dem mehrheitlich katholischen Gebiet.[2]

Überhaupt die Minoritätssituation. Hedwig Schneider unterstreicht,
dass eine solche Position Aufmerksamkeit erforderte, Sinn für Tradition

---

1 Damals umfasste dieses Amt eine Doppelfunktion: Präsidium des Kirchenrats und der Synode.
2 1980 umfasste die Evangelisch-Reformierte Kirche des Kantons Fribourg 11
   Kirchgemeinden mit zirka 25'000 Mitgliedern, heute sind es 15 Kirchgemeinden mit rund 30'000 Mitgliedern.

aber auch Bescheidenheit. Wichtig ist, das wenige Geld wirksam einzusetzen. Subsidiarität (Stichwort: Eigenverantwortung) und Demokratie
zu stützen da, wo diese an ihre Grenzen stösst, spielen eine grosse Rolle.

Als Vorsteherin einer kleinen Kirche scheute sie sich nicht, bei grösseren Kantonen anzuklopfen, Konzepte, Unterlagen oder Erfahrungen
«einzuholen». Weshalb sollte sie das Rad neu erfinden, wenn es andern-
orts bereits rollte? Im Gegenzug lud sie die Angefragten an die Saane ein,
präsentierte die heimischen Kostbarkeiten. Durch Gesten wie diese verhinderte sie den Eindruck der Einseitigkeit, des Abkupferns oder Tritt-
brettfahrens.

Energie brauchte Hedwig Schneider für anderes: die Lektüre der
kirchlichen Gesetzgebung zum Beispiel. Dort entdeckte sie unausge-
schöpfte Ressourcen wie die Finanzierung von speziellen kirchlichen
Ämtern durch den Staat. Sie liess die abgeschwächte französische Ver-
sion beiseite, packte die Gelegenheit am Schopf und trug an offiziellen
Anlässen ihre Anliegen vor.

Als günstig erwies sich der Neujahrsempfang. Sassen die Regierungs-
leute auf dem Sofa, schnitt die Kirchenratspräsidentin ihre Themen an:
Spitalseelsorge, Behindertenseelsorge, Mittelschulseelsorge. Abgeschla-
gen wurde ihr nichts. Es hiess: «Unterbreiten Sie uns einen Vorschlag!»
Gesagt, getan. Wie bei einem edlen Gericht legte sie alle Zutaten bereit:
einwandfreie Eingabe, Einbezug der katholischen Kirche, Tuchfühlung
mit der Verwaltung. Es galt, im richtigen Augenblick die richtige Person
zu gewinnen und die richtige Methode anzuwenden: «harmlos, aber bestimmt. Oder energisch. Etwa als man mir die Reise nach Polen weg-
schnappen wollte, wegen mangelnden Wissens in Orthodoxie.»[3]

Mit Staunen nahm man den neuen Wind zur Kenntnis. Es kam Leben in die Sache, unterstützt durch Taten: neuer Umgang mit den
protestantischen Hilfsvereinen, einheitlichere Steuern, Klärung der Verhältnisse hinsichtlich Mitsprache, Personal, Besoldung. Die reformierte
Kirche in Freiburg machte sich einerseits unabhängiger, andererseits holte sie sich das, was ihr von Gesetzes wegen zustand. Es brauchte Hartnäckigkeit, Rückgrat – und brisante Episoden, um eine moderne Ordnung

---

[3] Die Verbindung in den Osten Europas hält Hedwig Schneider bis heute aufrecht.

einzurichten. «Eine Regelung, die nicht Selbstzweck war, sondern Transparenz ermöglichte, sich mit meinem Rechtsempfinden deckte.» Wenn es um Eingefahrenes, Vertracktes, Schwerfälliges geht, kann sich die Pensionärin heute noch ereifern. Sie hat sich nie an Bisheriges geklammert. Nach ihrem Rücktritt hat sie sich konsequent aus Diskussionen herausgehalten.

Wie kam es zum Entscheid, nach zehn Jahren aufzuhören? «Ich war als Ehrenamtliche in verschiedenen Bereichen tätig (Asylwesen, Krippen, Schule). In einer Kommission wurde mir eine Alterslimite gesetzt. Das fand ich super. Ich nutzte den Anlass, um sämtliche Dossiers zuzuklappen.» Die Kirche hat Hedwig Schneider Tore geöffnet: zum Beispiel zur Unierten Kirche Sambias, wo sie anlässlich einer Hundertjahrfeier die Schweizer Kirchen vertreten durfte. Anschliessend begab sie sich noch sechs Mal nach Zentralafrika. Sie half mit beim Aufbau von Frauengruppen. Mit den Männern setzte sie Bienenprojekte um – immer in Verbindung mit den offiziellen Stellen. Sie steht heute noch in engem Kontakt mit der einheimischen Bevölkerung, Sambia wurde zu ihrer zweiten Heimat.[4] Zu Hause, in Fribourg, ist sie Co-Präsidentin des Vereins TABERE, der die Begegnung zwischen Christen und Muslimen fördert. Hier findet sie, was ihr Kirche bedeutet: Menschen zusammenbringen, in partnerschaftlicher Teilnahme.

---

[4] Vier Stunden nach dem Gespräch mit Hedwig Schneider strahlte das Schweizer Radio ein Porträt über Grace Eneme aus. Sie und Frau Schneider hatten sich zuvor im Rahmen eines Vortrags getroffen. Die Kamerunerin ist Koordinatorin des Frauennetzwerks der Evangelischen Kirchen. Ihre Aussagen verdeutlichen den Wandel, welcher in der Missionsarbeit stattgefunden hat. Konkret: Zusammenarbeit statt Zwang, Befähigung statt Abhängigkeit.

Einsatz für die Gleichberechtigung in Politik und Kirche

Brigitte Profos: Kirchenratspräsidentin der Evangelisch-Reformierten Kirchgemeinde des Kantons Zug von 1982 bis 1989

Esther Girsberger

«Die Konfliktbereitschaft in der Kirche ist noch weniger gross als in der Politik», sagt Brigitte Profos. Die 1943 geborene Politikerin weiss, wovon sie spricht: Sie sass von 1978 bis 1989 im Kirchenrat des Kantons Zug, die letzten sieben Jahre davon als Präsidentin. Nach dem tragischen Attentat im Zuger Regierungsgebäude rückte die Sozialdemokratin (anstelle der getöteten Monika Hutter) im Herbst 2001 in die politische Exekutive nach. 2002 wurde sie wiedergewählt. Konfliktbewältigung gehörte zum Alltag der Politikerin, zumal sie als Leiterin der Direktion des Innern nicht immer unangefochten war. Ende 2006 trat sie altershalber zurück, nachdem sie die letzten zwei Jahre als Frau Landammann (Regierungsratspräsidentin) geamtet hatte.

Warum ist die Konfliktbereitschaft in der Kirche so klein? Eine mögliche Erklärung leitet die diplomierte Heilpädagogin aus dem Buch «Kleriker» von Eugen Drewermann[1] ab, der aus psychotherapeutischer und theologischer Sicht erforscht hat, warum sich Menschen zu einem theologischen oder klösterlichen Beruf entschliessen. Ein Buch, aus dem Brigitte Profos einige Schlüsse zog: «Menschen, die sich in der Kirche

---

[1] Drewermann, Eugen: Kleriker. Psychogramm eines Ideals, 8. Aufl., Olten 1990.

engagieren, denken, sie zögen sich in eine heile Welt zurück. Was nicht im Geringsten so ist.» Da man aber von dieser heilen Welt ausgehe und nicht akzeptieren wolle, dass es auch in der Kirche zu Auseinandersetzungen komme – weil dort schliesslich auch Menschen miteinander zu tun haben –, lasse man den Konflikt nicht offen zu und trage ihn dadurch auch nicht aus. «Aber die Aggressionen sind trotzdem da und wirken unterschwellig umso heftiger.»

Brigitte Profos verschweigt nicht, dass diese mangelnde Konfliktkultur mitverantwortlich dafür war, dass sie sich im Jahre 1989 nicht mehr für die Wiederwahl zur Kirchenratspräsidentin zur Verfügung stellte – obwohl sie in den vielen Jahren bestens gelernt hatte, mit schwierigen Episoden umzugehen. Es waren unter anderem diese Erfahrungen und auch der Bekanntheitsgrad durch ihr langjähriges Engagement in der Kirche, die ihr zwar nicht den Respekt, jedoch die Angst vor der noch grösseren Aufgabe des Regierungsratsamts nahmen. «Ich habe ein grosses und schwieriges Gremium mit den verschiedensten Persönlichkeiten und Funktionen geleitet.» Im Hinblick auf die Meinungsvielfalt und die Herkunft der Mitglieder sei das Regierungsamt mit dem Kirchenratspräsidium vergleichbar gewesen. «Die Schnittstellen und das Pflichtenheft waren im Regierungsrat jedoch klarer, von daher war die Amtsausübung einfacher als in der Kirche.» Auch die Gewaltentrennung ist in der Politik eindeutig geregelt, während bei der Evangelisch-reformierten Kirche Zug die Zusammenarbeit zwischen Kirchenpflege, Pfarrern, dem Kirchenrat als Exekutive und damals noch einer Gemeindeversammlung als Legislative nicht immer einfach zu bewerkstelligen war: «Für viele verkörpern die Pfarrer die Kirche, weil sie als Hauptexponenten wahrgenommen werden.» Das kirchliche Leben wiederum werde durch die Gemeindemitarbeitenden und die Kirchenpflege gestaltet. «Inhaltlich war der Einfluss des Kirchenrates begrenzt.»

Der Kirchenrat war zwar für die Finanzen, Besoldungs- und Anstellungsbedingungen, die Büroräumlichkeiten, Bauten und die Verwaltung zuständig. Wozu die bereitgestellten Ressourcen dann aber inhaltlich dienten, konnten die Kirchenratsmitglieder nur sehr beschränkt mitbestimmen. Eine Tatsache, die der vor allem an der diakonischen Aufgabe der Kirche interessierten Brigitte Profos immer wieder zu schaffen machte. Den Pfarrern wichtig waren verständlicherweise die Verkündigung des Evangeliums und die Seelsorge. Das Diakonische oder Soziale wurde zuweilen in den Hintergrund gedrängt. Nicht zuletzt deshalb, weil das Soziale zu sozialpolitischen Diskussionen und damit unweigerlich zur Frage führte, ob und in welchem Ausmass sich die Kirche in politische Belange einmischen solle. Ein Umstand, der Brigitte Profos nicht davon abhielt, sich permanent und mit Verve für eben diese sozialpolitischen Belange einzusetzen: «Zu kämpfen gehört zu meinem Naturell.» Im Rahmen der möglichen Einflussnahme tat sie, was sie konnte. Als Leiterin der Sozialkommission innerhalb des Kirchenrats gelang es ihr denn auch nicht nur, einzelne (früher nicht denkbare) Projekte aufzugleisen. Sie schaffte es zusammen mit ihren Mitkämpferinnen und -kämpfern auch, die Anforderungen an diakonische Mitarbeitende anzupassen und dafür zu sorgen, dass diese nicht mehr in erster Linie Hilfskräfte der Pfarrer waren, sondern ein eigenständiges Profil entwickeln konnten.

Zur Kirche gelangte Brigitte Profos so wie nicht wenige ihrer Kolleginnen in anderen Kantonen: über die Sonntagsschule. Kaum hatte sie am Neuzuzügerapéro verlauten lassen, dass sie früher Unterricht erteilt habe, war sie auch schon engagiert – und danach über zehn Jahre als Religionslehrerin tätig. «Ein Einsatz, der mit meiner Rolle als Mutter sehr gut vereinbar war und mir die Gelegenheit gab, als ehemalige Primarlehrerin beruflich am Ball zu bleiben.»

Als man ihr dann das Amt einer Kirchenrätin anbot, akzeptierte sie. Eher auf unübliche Art und Weise übernahm sie dann das Präsidium des Gremiums: Ihren Mann zog es 1981 beruflich bedingt nach Kalifornien. Brigitte Profos, die sich gerade im Kirchenrat wohlzufühlen begann, wollte in der Schweiz bleiben. Im Gespräch kamen sie und ihr Mann überein, dass ihre beiden mittlerweile volljährigen Kinder noch zu klein seien, um über längere Zeit ohne Vater zu bleiben. Also übersiedelte die ganze Familie in die USA. Nach ein paar Monaten rief der Zuger Kirchenratspräsident an, um zu fragen, ob Brigitte Profos bereit wäre, ihr suspendiertes Amt als Kirchenrätin nicht nur zu aktivieren, sondern gleich auch fürs Präsidium zu kandidieren. Da die Familie dann – nicht wie geplant – für drei bis fünf Jahre in den USA blieb, sondern nur ein knappes Jahr, kehrte Brigitte Profos quasi als «Präsidentin» zurück.

Sie schaut gerne auf diese Zeit zurück, auch wenn sie die nicht ausgetragenen Konflikte bis heute beschäftigen. Kein Problem war die Stellung «ihrer» Kirche als Diaspora-Kirche im katholischen Kanton Zug. Das gute Einvernehmen führt Brigitte Profos vor allem auf die reformierte «Invasion» der Textilindustriellen Mitte des 19. Jahrhunderts zurück. Diese kamen primär aus dem protestantisch dominierten Kanton

Zürich. Da sie nicht unwesentlich zum Wohlstand des Kantons Zug bei-
trugen, waren sie nicht nur gelitten, sondern auch gerne gesehen. Was
sich bis heute im guten Verhältnis zwischen der reformierten und der
katholischen Kirche zeigt.

1994 kandidierte Brigitte Profos mit Erfolg für den Zuger Kantonsrat
und war von 1999 bis zu ihrer Wahl als Regierungsrätin auch Mitglied
der Kommission für die Gleichstellung von Mann und Frau. Schon während ihres Engagements für die Kirche war der ersten Präsidentin eines
Exekutivgremiums im Kanton Zug die Gleichstellung ein grosses Anliegen. Kaum hatte Brigitte Profos ihr Amt als Kirchenratspräsidentin angetreten, erhielt sie von der Aufsichtsbehörde – wohlgemerkt der Direktion des Innern, die sie später selbst leitete – einen Brief mit der Anrede:
«Sehr geehrter Herr Präsident». Als noch mehrere Briefe mit gleicher
Anrede folgten, schrieb sie eines Tages zurück mit der Bitte, man möge
diese Anrede doch gelegentlich ändern, da es jetzt nämlich auch eine Präsidentin gebe.

Noch häufiger als im amtlichen Verkehr fielen der Sozialdemokratin
die diskriminierenden Äusserungen und Haltungen im privaten Umfeld
auf: «Schon unglaublich, jetzt hat sie zwei Kinder zu Hause und über-
nimmt auch noch das Kirchenratspräsidium», habe sie mehr als einmal
gehört. Was sie aber vor allem frappierte, war die Tatsache, dass solche
Aussagen abgestritten wurden, wenn man die betreffenden Leute damit
konfrontierte. Die rechtliche Gleichstellung sei mehrheitlich vollzogen,
die faktische hingegen nicht. «Frauen gehörten nicht in Leitungsfunktionen. Sie sind eine Bedrohung, weil sie den Männern ein Stück Macht
wegnehmen. Macht teilen ist nicht Sache der Männer», sagt Brigitte
Profos.

Immerhin hat sie festgestellt, dass Männer diesbezüglich doch über
ihren eigenen Schatten springen können. Was allerdings nur möglich sei,
wenn die Frau einen überzeugenden Eindruck mache. In diesem Zusammenhang erinnert sich Brigitte Profos gerne an eine Episode während
ihrer Zeit als Kirchenratspräsidentin. Es habe sich eine ausgesprochen
fähige und intelligente, aber geschiedene Frau der Pfarrwahl gestellt. Der
Widerstand sei gross gewesen, dennoch sei die Theologin gewählt worden. Mit viel Geschick habe sie die Gemeinde dann für sich gewonnen.
«Sie hat den Widerstand der Gemeinde verstanden, ja ihn aufgenommen,
zum Thema gemacht.»

Natürlich hat das ehemalige Mitglied der Kommission für die Gleichstellung von Mann und Frau auch eine klare Haltung zum theologischen Feminismus: «Ich bin sicher, dass die evangelischen Texte patriarchalisch umgeschrieben, wenn nicht sogar neu geschrieben worden sind.» Jesus habe sich auf die Seite der Schwachen gestellt. Und die Schwachen seien damals insbesondere auch die Frauen gewesen. Deshalb ist Brigitte Profos überzeugt, dass es innerhalb der Jüngergemeinschaft auch Jüngerinnen gegeben habe. Sie bedauert, dass die feministische Theologie momentan kein grosses Thema mehr ist, glaubt jedoch, dass das Thema zu gegebener Zeit wieder aktuell wird: «Es gibt Wellenbewegungen, und es wird wieder zu einer Aufbruchstimmung kommen. Allerdings brauchen wir wieder charismatische Figuren.» Die Zeit der grossen feministischen Kämpferinnen sei vorüber, und sie erschrecke manchmal ob der «jungen Mädis», die sich mit der Aussage zufrieden gäben, die Gleichstellungspolitik müsse doch gar kein Thema mehr sein. Sie würden sich irgendwie schon einrichten.

Hoffnungen setzt Brigitte Profos nicht zuletzt auf die Männer – dabei nicht einmal nur auf die Männer der jüngeren Generation. Diese Erwartung untermauert sie mit einem Beispiel aus ihrer Zeit als Landammann: Im Kanton Zug pilgern die katholischen Würdenträger und politischen Behörden alljährlich (an Auffahrt) ins Kloster Einsiedeln, wo sie vom Abt empfangen werden. Als Landammann war Brigitte Profos von Amtes wegen dabei. Der Zuger Stadtpfarrer vergass bei seiner kurzen Ansprache nicht zu erwähnen, dass zum ersten Mal eine Frau Landamman anwesend sei. Aber nicht nur das! Der Pfarrer sagte darüber hinaus, dass in dreissig Jahren vielleicht eine Frau als Priesterin an seiner Stelle stehen werde und er sich darüber freuen würde.

Ich wollte etwas bewegen

Marianne Schläpfer: Kirchenratspräsidentin der Evangelisch-
Reformierten Landeskirche beider Appenzell von 1992 bis 1999

Karin Ammann

Zu ihrem Amt gelangte Marianne Schläpfer auf spezielle Art. Sie war zwar bereits zwei Jahre Kirchenrätin, aber auch diese Amtseinsetzung erschien ihr aussergewöhnlich. Hatte sie sich doch früher in keinem kirchlichen Gremium engagiert, auch nicht auf Gemeindeebene. Es kam zeitweilig sogar zu einer Distanzierung, trotz der Verbundenheit mit dem Glauben. Als 40-Jährige besuchte sie gelegentlich Gottesdienste, fragte sich jedoch: «Was soll das eigentlich? Was bedeutet mir Religion?» 1988 begann die ökumenisch Dekade «Kirchen in Solidarität mit Frauen». Die Initiative ging vom Weltkirchenrat aus. Dessen Delegierte trugen die Bewegung in die Regionen. In Herisau gründete eine Pfarrerin eine Frauengruppe. Sie lud Marianne Schläpfer dazu ein. In der Gruppe fand sie zu einer intensiven Auseinandersetzung mit der Bibel. Sie begann die alten Schriften anders zu lesen, erkannte die Vielzahl starker Frauenfiguren. Kurz darauf erlebte sie eine echte Befreiung, ja Neuentdeckung ihrer selbst. Dieser Zugang mündete in einer Wiederannäherung an die Kirche.

In der erwähnten Frauengruppe vertrat die Kirchenschreiberin den Kirchenrat. Bei der nächsten Vakanz in der Exekutive schlug sie ihre Kollegin, Marianne Schläpfer, für die Nachfolge vor. Zwei weitere Mitglieder dieses Gremiums kannten die Primarlehrerin und Familienfrau bereits und konnten sich die Herisauerin gut als Kirchenrätin vorstellen. Marianne Schläpfer zögerte zunächst, überlegte sich die Kandidatur genau. Sie fragte Freunde und Bekannte, holte Meinungen ein. Dann entschloss sie sich zu einem Ja. Und wurde 1990, mit gerade 50 Jahren, gewählt. Nach einer intensiven Einarbeitungsphase gefiel ihr die Tätigkeit zusehends – von der Materie wie vom Menschlichen her. Sie waren zu fünft, zwei Frauen und drei Männer. Mit der Kirchenschreiberin ergab sich ein ausgewogenes Geschlechterverhältnis. Der Rat organisierte sich selbst. Die Mitglieder unterstützten sich gegenseitig, selbst bei heiklen Dossiers wie der Neugestaltung des «Kirchlichen und Konfirmanden-Unterrichts».

Knapp 20 Monate später demissionierte der Präsident. Er hatte dieses Amt im fortgeschrittenen Alter unter der Bedingung angetreten, es nach fünf Jahren abgeben zu können. Die Vizepräsidentin wollte nicht nach-rücken. Die Frage stand im Raum: Wer dann? Als man auf Marianne Schläpfer kam, erschrak diese und fand, das könne sie doch nicht ma-chen: aus formalen Gründen (sie war Nicht-Theologin) und privaten (da-mals stand sie mitten in der Scheidung). Die zahlreichen ermutigenden Reaktionen – insbesondere von der Pfarrerin in der Frauengruppe – bewogen sie, sich die Sache zu überlegen.

Marianne Schläpfer sagte zu. Als sich ein weiterer Kandidat aufstellen liess, verunsicherte sie das nicht. Im Gegenteil: Sie war froh, dass eine echte Auswahl bestand. Hinzu stiess ein Mann, welcher früher bereits im Kirchenrat gewesen war. Er interessierte sich ausschliesslich für das Prä-sidium. Er war gut vernetzt, ambitioniert, hatte in der Zwischenzeit ein Kurzstudium in Theologie abgeschlossen. Marianne Schläpfer rechnete sich keine gossen Chancen aus. Umso erstaunter war sie, als die Vorstel-lungsrunde an der Vorsynode zu ihren Gunsten ausging. Sie hatte sich nicht selber präsentiert, sondern das Wort einem Bekannten überlassen. Dessen Votum sowie das Dossier der Bewerberin überzeugten. Man setzte auf eine frische, unverbrauchte Kraft.

Von diesem Moment an musste sich Marianne Schläpfer auf die Wahl einstellen, trotz der vermeintlichen Überlegenheit ihres «Konkurrenten». Die Voraussagen bestätigten sich: Die weibliche Kandidatin wurde gleich im ersten Durchgang gewählt. Sie erinnert sich genau: «Das klare Ver-trauen hat mich überwältigt, die Bekanntgabe des Ergebnisses sehr be-rührt. Zur Freude gesellte sich Erleichterung: Durch die gleichzeitige Wahl eines Theologen in den Kirchenrat war die fachliche Seite abgedeckt.» Damit befanden sich – wie bisher – zwei Pfarrer im Kirchenrat.

Im Nachhinein denkt sie, dass die Appenzeller immer ein gutes Ge-spür für Basisdemokratie hatten – auch wenn die Kirche nicht immer nach politischen Prinzipien funktionieren kann und auch nicht sollte. Zu dieser basisdemokratischen Haltung gehören Stichworte wie «Überzeugung statt Gesetz», «Konsens statt Macht». Dieser volksnahen Haltung entsprang so manch überraschender Entscheid. Etwa die Idee, eine Frau als Kirchenratspräsidentin einzusetzen.[1]

Der Arbeitsumfang des Kirchenratspräsidiums war mit 20 % umschrieben und entsprechend honoriert. In Tat und Wahrheit ging die Beanspruchung bis zu einem 50 %-Pensum. Neben den 50 % in der Primarschule war dies theoretisch machbar. Zumal vieles automatisch lief und die Kirchenratsmitglieder gut untereinander kooperierten. Gegen aussen galt Marianne Schläpfer als Pionierin, als Vorbild, ja Hoffnungsträgerin. Gegen innen versuchte sie, ihre zum Teil modernen Visionen umzusetzen; eine Absicht, welche sich zuweilen als schwierig erwies. Der Kirchenrat zog häufig mit, die Gemeinden hingegen wehrten ab. Sie vermochten der neuen Linie nicht zuzustimmen, befürchteten Unruhe oder Austritte. Marianne Schläpfer verstand es geschickt, Fortschritte anzuregen, ohne eine Revolution anzuzetteln oder allzu grossen Widerstand zu provozieren. Gleichwohl wusste sie um die Grenzen allzu hochfliegender Träume, wie sie gleichzeitig auch in anderen Ländern formuliert wurden, zum Beispiel in der Befreiungstheologie in Südamerika.

Als eindrückliche Erfahrungen bezeichnet die gebürtige Sankt Gallerin die Reise nach Südamerika, welche sie als Mitglied einer Delegation der CEVAA (Communauté Evangélique d'Action Apostolique)[2] unternahm. Die Einblicke in die dortige Kultur, in das Alltags- und kirchliche Leben bleiben ihr unvergesslich. Wenngleich sie in Argentinien oder Uruguay gerne auf Spanisch statt auf Französisch konferiert hätte. Aber für das Erlernen dieser Sprache reichten zwei Wochen nicht aus.

Nachhaltig in Erinnerung hat Marianne Schläpfer das Getragen-Sein von Frauen durch Akzeptanz, gemeinsamen Austausch und Respekt. Diese Begegnungen bewogen sie, an der Vision einer offenen Kirche festzuhalten. Einer lebendigen, modernen Kirche, die für neue Altersgruppen interessant ist, für Kaderfrauen, Männer in leitender Funktion, überhaupt 30- bis 50-Jährige. Eine Kirche, welche Weggemeinschaften

---

[1] Appenzell Innerrhoden ist eine Gemeinde innerhalb der Evangelisch-Reformierten Landeskirche beider Kantone. Damals umfasste diese zirka 35'000 Personen.

[2] Heute: Communauté d'Eglises en Mission.

bildet, eine verlässliche Basis. Eine Kirche mit vielen Gesichtern. Dadurch, betont die mittlerweile 66-Jährige, gewänne diese Institution an Profil.

Marianne Schläpfer resümiert: «In den sieben Jahren konnte ich einiges bewegen, etwa die Vorbereitung der neuen Kirchenverfassung.» In kleineren Schritten als geplant, aber beharrlich, selbst bei Themen, bei denen sie mit ihrer persönlichen Haltung in der Minderheit war. Als Nicht-Ordinierte setzte sie zweimal eine Pfarrerin in deren Amt ein. Sie tat dies nicht zu oft, mit Bedacht, nach Rücksprache mit den jeweiligen Anwärterinnen und wenn, dann ausdrücklich als Christin.

Als Nächstes hätte sie eine Führungsausbildung besucht, weil Führung in der veränderten Zusammensetzung des Kirchenrats vermehrt gefordert war. Ihr Rücktritt hatte allerdings weder mit dieser Herausforderung noch mit Amtsmüdigkeit zu tun. Die Gründe lagen im persönlichen Bereich: Marianne Schläpfer hatte wieder geheiratet. Sie realisierte, dass ihr Engagement nicht – wie früher – die Freizeit ausfüllte, sondern der Partnerschaft abging. Sie zog die Konsequenzen und stellte das Präsidium per Juni 1999 zur Verfügung. Die Nachfolge war geregelt, der Vizepräsident übernahm die Geschäfte.

Auf der Suche ist Marianne Schläpfer heute noch. Kontemplation fasziniert sie aktuell. Der Versuch, sich leer zu machen, vollständig leer, nicht über einen Text, Inhalt, Begriff nachzudenken und Gott in sich selber zu entdecken. Wenn sie einen Zauberstab hätte, würde sie sich wünschen, dass mehr Freiheiten bestünden, Göttliches zu erfahren. Gott in der Natur, Jesus als Person. Letzteren sieht sie eher menschlich, nicht als überhöhten Sohn Gottes. Mit seiner Einzigartigkeit, mit einer höheren Inspiration, aber auch einer klaren Eigenständigkeit. Auch in Glaubensfragen ist sie immer bereit, zu neuen Ufern aufzubrechen.

Zupacken und zudienen

Ursula Kunz-Kaspar: Präsidentin der Evangelisch-reformierten
Landeskirche des Kantons Uri von 1995 bis 1997

Ursula Kunz / Esther Girsberger

Ursula Kaspar wurde 1934 geboren
und wuchs im st. gallischen Wattwil
auf. Die politische Gemeinde war
schon seit der Reformation schwer-
gewichtig reformiert, die Schulen
wurden noch konfessionell geführt.
Wattwil hatte sieben reformierte
Schulgemeinden und nur eine katholische Dorfschule. Diese Erfahrung war für Ursula Kunz-Kaspar
immer bedeutungsvoll; vor allem
nach der Heirat ins Urnerland, wo die
Gegebenheiten in konfessioneller Hinsicht gegenteilig waren.

Nach der Sekundarschule verbrachte Ursula Kaspar zwei Jahre in der
Romandie. Anschliessend stieg sie beim Schweizer Verband Volksdienst
(heute SV-Service) bis zur Leiterin von Kantinen, Schulmensen und
Milchküchen der Schweizerischen Bundesbahnen SBB auf. In einer solchen Milchküche lernte sie 1958 auch ihren heutigen Mann kennen: Der
angehende Lokomotivführer kam wegen Verspätung erst nach 20 Uhr in
die Küche in Bellinzona. Für warmes Essen wäre es eigentlich zu spät
gewesen, dennoch bereitete Ursula Kaspar ihm noch eine Rösti zu.
«Offenbar hat ihm die Rösti geschmeckt – und die junge, zupackende
Frau gefallen.» Jedenfalls verloren sie sich nicht mehr aus den Augen und
zogen nach der Heirat im Jahre 1961 ins Eisenbahnerdorf Erstfeld im
Kanton Uri.

Die Bähnler-Familien, die seit Ende des 19. Jahrhunderts die Gegend
besiedelten – in den sechziger Jahren des 20. Jahrhunderts kamen sie
mehrheitlich aus den Kantonen Aargau, Bern und Solothurn – waren in
der Regel reformiert. Die protestantische Kirchgemeinde Uri mit Sitz in

Erstfeld wurde denn auch 1885 auf Initiative dieser Zuzüger ins Leben gerufen. Diese gründeten 1889 den protestantischen Kindergartenverein, der von Anfang an auch den Katholiken offen stand. Bis 1980 die Schulgemeinde diese Aufgabe übernahm, hat der Kindergartenverein die Kindergärtnerinnen angestellt und entlöhnt. Die Bähnler und ihre Frauen verfolgten aber noch weitere Bildungsziele. So richtete die damalige Gotthardbahn Ende des 19. Jahrhunderts auch eine Sekundarschule ein.

Im katholisch geprägten Kanton fand die junge Frau schnell Anschluss in der aktiven Diaspora-Gemeinde. Als sie siebenundzwanzig war, wurde sie angefragt, ob sie beim Frauenverein mittun würde. «Das tat schon meine Mutter, und so war für mich dieses Engagement selbstverständlich.» Ursula Kunz brachte schon bald frischen Wind in den Verein. Nach kurzer Zeit übernahm Erstfeld die Tradition von Wattwil, die Bedürftigen an Weihnachten nicht mit irgendetwas zu beschenken, sondern gezielt herauszufinden, was wirklich benötigt wurde: «Es macht doch keinen Sinn, Handschuhe für die Kinder zu schenken, wenn der Vater dringend einen warmen Pullover braucht.»

Der Kirchgemeinde fiel die zupackende und unkomplizierte Art der Zugezogenen rasch auf. Als 1967 an der Spitze des Frauenvereins eine Vakanz entstand, bat man Ursula Kunz, dieses Amt zu übernehmen. Traditionellerweise war jeweils die Frau des Pfarrers Präsidentin des Frauenvereins. Da der neue Pfarrer seine Arbeit noch nicht aufgenommen hatte, fragte man sie an. Unkompliziert, voller neuer Ideen übernahm die junge Frau den Vereinsvorsitz. Als Ende der 60er Jahre das Bedürfnis nach einem Kirchgemeindehaus immer grösser wurde, gelangte die Kirchenpflege an die Präsidentin des Frauenvereins. «Natürlich machen wir auch etwas, aber nur etwas Vernünftiges», sagte die damalige Vereinspräsidentin. Mit «vernünftig» meinte sie, dass man sich nicht mit einer kleinen Teeküche zufrieden geben würde, sondern eine «anständige» Küche wünschte. Eine, die später allenfalls auch für einen Mittagstisch für Seniorinnen und Senioren ausreichen würde.[1] Die Kirchenpflege baute alsdann das Kirchgemeindehaus samt Küche: mit Hilfe der Reformationskollekte sowie einem namhaften Zuschuss des protestantisch-kirchlichen Hilfsverein des Kantons Zürich.

---

[1] Ein Altersheim existierte damals noch nicht.

Der tatkräftige Charakter von Ursula Kunz wurde schnell von weiteren Kreisen wahrgenommen: «Fragen wir doch die von Erstfeld, die packt das schon», sagte sich die Präsidentin des damaligen Verbands der reformierten Frauenvereine der Zentralschweiz und des Kantons Tessin. Also übernahm Ursula Kunz 1972 das Präsidium. Sie regte unter anderem einen besseren Austausch unter den verschiedenen Vereinen an. Als sie einen Anruf bekam mit der Frage, wie man denn das halbe Schwein, die man dem evangelischen Kinderheim Lutisbach in Oberägeri schenken wolle, ohne Tiefkühler aufbewahren könne, nahm Ursula Kunz einen Augenschein vor Ort. Sie organisierte die Unterstützung von Vereinen und schliesslich reichte das Geld nicht nur für einen Tiefkühler, sondern auch für neue Kühlschränke, einen Teppich im Spielbereich und neue Vorhänge. «Ohne das Verständnis meines Mannes, der mich immer unterstützte, hätte ich diese Ämter niemals so ausüben können», betont die Mutter von zwei erwachsenen Töchtern. Entgegen kam ihr dabei die unregelmässige Arbeitszeit ihres Mannes: «Wenn er Spätdienst hatte, konnte ich bis in alle Nacht hinein arbeiten. Beim Frühdienst stand ich mit ihm auf und machte mich ebenfalls an die Arbeit.»

Mitte der 70er Jahre gab Ursula Kunz das Präsidium des örtlichen Frauenvereins in andere Hände, 1981 auch dasjenige des Verbands. Im gleichen Jahr holte man sie in die Kirchenpflege, der sie ab 1985 als erste Frau für acht Jahre vorstand. Sie sass zudem als Vertreterin von Erstfeld im Kantonalen Kirchenrat und war zugleich dessen Vizepräsidentin. 1991 nahm Ursula Kunz als Vertreterin der Urner Landeskirche im Vorstand des protestantisch-kirchlichen Hilfsvereins des Kantons Zürich Einsitz. Bis 1970 wurde die Urner Kirche bis zu 80 Prozent vom Hilfsverein subventioniert. Erst ein neues Urnerisches Steuergesetz machte sie unabhängiger.

1993 trat Ursula Kunz aus der Erstfelder Kirchenpflege zurück, verblieb aber im Vorstand des kantonalen Kirchenrats. 1995 übernahm sie als erste Frau dessen Vorsitz für zwei Jahre. Menschliche Unzulänglichkeiten sowie Schwierigkeiten im Rat bewogen sie zu diesem Schritt. Etliches wurde besser, die Neuzusammensetzung des Vorstands tat das ihrige dazu. Dass eine Frau das Gremium leitete, scheint sich bewährt zu haben: seither hat immer eine Frau das Präsidium inne. Was sich schon lange aufgedrängt hatte, wurde realisiert – und ist heute eine Selbstverständlichkeit: Die kantonale Kirche hat ein gut funktionierendes Sekretariat, und dem Kirchenrat gehören weniger Mitglieder an.

Ursula Kunz hielt sich stets auf dem Laufenden, auch nach ihrem Rücktritt. Kein Wunder, dass sie für das 100-Jahr-Jubiläum des ersten Gotteshauses im Gotthardkanton Uri eine Broschüre über «ihre» Erstfelder Kirche verfasst hat. Kaum jemand weiss letztlich besser Bescheid über die Kirchen- und Gemeindegeschichte des Kantons. Kirchenarbeit im umfassenden Sinn war und ist Ursula Kunz ein grosses Anliegen: «Ich gehöre zu Jesus Christus, ich fühle mich im Evangelium zu Hause, also ist mir der Dienst an der Allgemeinheit und für die Kirche sehr wichtig und lieb.»

Politik und Gottesreich in Einklang bringen

Silvia Pfeiffer: Kirchenratspräsidentin der Evangelisch-
reformierten Kirche des Kantons Schaffhausen seit 1997

Esther Girsberger

Die theologische Heimat von Silvia Pfeiffer ist der Religiöse Sozialismus. Arthur Rich[1] und Leonhard Ragaz[2], Mitbegründer der religiös-sozialen Bewegung, waren ihre geistigen Väter. Über Letzteren schrieb sie ihre Dissertation mit dem Titel «Politik und Gottesreich». Bis heute versucht sie, sich in der Politik auch für Gottes Reich einzusetzen. Im Sinne von Ragaz, der schrieb, «dass das Reich Gottes für die Erde ist, nicht von der Welt freilich, aber für die Welt», und im Sinne eines anderen ihr nicht von

[1] Arthur Rich, Schweizer ev. Theologe, Sozial- und Wirtschaftsethiker, geb. 21.01.1910 in Neuhausen/Rheinfall (Kanton Schaffhausen), gest. 25.07.1992 in Zürich. 1954–1976 Professor für Systematische und Praktische Theologie an der Universität Zürich.

[2] Leonhard Ragaz, geb. 28.07.1868 in Tamins/GR, gest. 06.12.1945 in Zürich. Nach dem Studium der ev. Theologie in Basel, Jena und Berlin Pfarrstellen in Graubünden und Chur. 1902 Münsterpfarrer in Basel. Hier wurde er – gemeinsam mit dem Zürcher Pfarrer Hermann Kutter – zum Begründer der religiös-sozialen Bewegung. 1906 gründete er die Zeitschrift «Neue Wege: Blätter für religiöse Arbeit». 1908 bis 1921 Professor für Systematische und Praktische Theologie an der Universität Zürich. Nach dem freiwilligen Rücktritt Redaktor.

ungefähr wichtigen Theologen, nämlich Dietrich Bonhoeffers, eines der
kreativsten Köpfe des kirchlichen Widerstands im Dritten Reich: «Die
Kirche ist nur da Kirche, wo sie für andere da ist.»

Für andere da zu sein, für den Einzelnen und vor allem für die Gemeinschaft, diese Absicht zeigt sich bei Silvia Pfeiffer in all ihren vergangenen und gegenwärtigen Ämtern, sowohl den politischen als auch den
kirchlichen. Die im Jahre 1945 in Schaffhausen geborene Sozialdemokratin schrieb sich nach ihrer Ausbildung zur Lehrerin 1968 an der phi-
losophisch-geisteswissenschaftlichen Fakultät der Universität Zürich ein
und wurde nach der Promotion Assistentin von Arthur Rich am Institut
für Sozialethik der theologischen Fakultät. Rich hatte bereits 1933 als
Redaktor der antimilitaristischen Jugendzeitschrift «Nie wieder Krieg»
auf antisemitische Tendenzen in Deutschland hingewiesen. Er setzte sich
während des Zweiten Weltkriegs als Pfarrer in Hemmental für die über
die nahe Grenze geflüchteten Juden und Kriegsgefangenen ein. Zeitlebens nahm Rich dezidiert Stellung zu politischen Tagesfragen wie
Frauenstimmrecht, Solidarität mit Israel, Zürcher Jugendunruhen, Mitbe-
stimmungsinitiative der Schweizer Gewerkschaften. Ihm war daran ge-
legen, dass sozialethische Erkenntnisse nicht nur an der Universität gelehrt wurden, sondern dass diese Forschungsergebnisse auch in die
Öffentlichkeit hineinwirkten. Ein Bedürfnis, das Silvia Pfeiffer nicht nur
teilte, sondern das sie bereits während ihrer Assistenzzeit lebte: «Es gin-
gen so viele politische Vernehmlassungen über unser Pult, dass ich gar
nicht anders konnte, als mich politisch zu interessieren und zu engagieren.» 1984 wurde sie Mitglied des Stadtparlamentes, 1987 Mitglied des
Schaffhauser Kantonsrates (1994 dessen Präsidentin). 1992 wählten sie
die Stimmberechtigten der Stadt Schaffhausen ins Schulpräsidium. In ihren Heimatkanton zog es sie einerseits wegen ihres Ehemannes zurück,
der Prorektor der Kantonsschule war. Andererseits weil sie das Bedürfnis hatte, aus dem wissenschaftlichen Bereich hinaus in die Praxis zu
gehen.

Silvia Pfeiffer ist eine Politikerin durch und durch. Eine Sozialdemokratin, die sich sowohl in ihren politischen als auch kirchlichen
Ämtern für Bildungsfragen, Jugendprobleme und Suchtmittelfragen, soziale Probleme wie Jugendarbeitslosigkeit, Lehrstellenmangel u.a. engagiert. Sie hat sich über alle politischen und kirchlichen Grenzen hinweg
für Lösungen eingesetzt. Durch ihr bildungspolitisches, sozialethisches
und sozialpolitisches Engagement sowie ihre langjährige Tätigkeit an der

theologischen und philosophischen Fakultät war der Bezug zur Kirche naheliegend. «Obwohl ich trotz meinem früheren Engagement bei der Jungen Kirche nie speziell theologisch oder religiös interessiert war – und während meiner ersten Berufsausbildung zur Kaufmännischen Angestellten keinerlei Bezug mehr hatte zur Kirche.»

Auf ihren Einsatz für Randständige, Andersdenkende und Diskriminierte wurde auch die Kirche aufmerksam. Genau genommen der damalige Kirchenratspräsident, der gleichzeitig Schulpräsident von Stein am Rhein war. Nachdem sich Silvia Pfeiffer im Abstimmungskampf für die Subventionierung der Notschlafstelle eingesetzt hatte, fragte er sie an, ob sie sich als Mitglied des Kirchenrats zur Verfügung stellen würde. Sie war lange einfaches Mitglied, dann Vizepräsidentin und schliesslich Präsidentin. Zwei Personen haben sich an der Synode kritisch zu ihrer Wahl geäussert: Bezeichnenderweise waren beide gegen die Sozialdemokratin, weil sie um deren Durchsetzungskraft und Brückenschlag-Fähigkeiten wussten und sie deshalb als «gefährlich» bezeichneten.

Eine nicht ganz unrichtige Einschätzung. Silvia Pfeiffer ist eine Kämpferin. Nur sucht sie nicht den konfrontativen Kampf, sondern versucht, durch ihre konziliante, charmant-burschikose Art zum Ziel zu kommen. Sie vertritt ihre Meinung, sucht Verbündete innerhalb ihres breiten politischen und gesellschaftlichen Netzwerks. Sie überzeugt durch Argumente und ihre verbindliche Art, nie verbissen aber dezidiert. Besondere Ansprüche hatte sie nach ihrer Wahl zur Kirchenratspräsidentin nicht. Sie führte einfach ihre theologischen, sozialethischen und -politischen Anliegen weiter. «Das war auch nicht so schwierig. Ich kannte die kirchlichen, politischen und sozialen Strukturen. Dadurch, dass wir eine pluralistische Volkskirche mit demokratischen Strukturen sind, konnte ich viele Neuerungen mit überzeugenden Argumenten durchsetzen, die eine Mehrheit in der Synode fanden.» Dazu gehörten die Segnung gleichgeschlechtlicher Paare, der sechzehnwöchige Schwangerschaftsurlaub, eine zusätzliche Ferienwoche für die kantonalkirchlichen Mitarbeitenden, die Einrichtung einer Drogenberatung, Seelsorge für Arbeitslose, Beratung von Asylsuchenden, die Einrichtung eines Frauenhauses. Unterstützt wurden verschiedene dieser Initiativen durch eigene politische Vorstösse. «Ich habe immer offen gekämpft. Hatte es auch einfacher, weil ich schon lange in der Politik war, von den anderen Parteien akzeptiert war.»

Die Probleme in der Kirche seien auch gar nicht so anders als die, mit denen sie als Schulpräsidentin zu kämpfen hatte: «Primär sind es Personal- und Sozialprobleme; die theologischen Probleme stehen an einem kleinen Ort.» Eine Einschränkung macht Silvia Pfeiffer aber doch: «Ich hatte immer gemeint, dass es keine schwierigeren Menschen gebe als die Lehrpersonen. Aber die Pfarrpersonen sind noch schwieriger, weil sie ein Nimbus der Unantastbarkeit durch die Ordination umgibt, ein Umstand, der sich auch personalrechtlich niederschlägt.» Lehr- und Pfarrpersonen seien Einzelkämpfer und Respektpersonen. «Aber vor allem die Pfarrpersonen sind der Meinung, sie genössen einen Artenschutz.» Diesen Schutz aufzuheben, das sei ebenso nötig wie kompliziert: «Bis ein Pfarrer in einer Volkswahl abgewählt wird, braucht es allerhand.» Da müsse schon in aller Öffentlichkeit schmutzige Wäsche gewaschen werden. Es wäre durchaus auch im Sinne der Pfarrpersonen, wenn diese Sonderbehandlung aufgehoben würde.

Das politische und kirchliche Engagement von Silvia Pfeiffer führte sie 1999 in das Büro der Konkordatskonferenz (Pfarrausbildung) und 2003 in den Rat des Schweizerischen Evangelischen Kirchenbunds (SEK). Bei einem Mittagessen während der Abgeordnetenversammlung des SEK, der sie zuvor schon als Abgeordnete und Präsidentin der GPK angehört hatte, habe man sie empfohlen. Zwei Jahre später wurde sie Vizepräsidentin dieses Gremiums. Sie fühlt sich dort am richtigen Platz. Für sie als interessierten Menschen sei es faszinierend, sich mit eidgenössischen politischen Belangen wie Flüchtlings- und Asylpolitik, Bioethik oder Grundwerte-Diskussionen auseinander zu setzen.

Ihre Neugierde – gepaart mit Gründlichkeit – kommt ihr bei dieser Arbeit sehr zu Gute. Sie stellt sich gerne auf ein neues Thema ein und lässt erst locker, wenn sie es auch richtig versteht. Wenn sie also – wie bei der Brevetierung von Armeeseelsorgern – als SEK-Ratsvertreterin eine Ansprache halten muss, so tut sie das gerne. «Zwar wusste ich anfangs gar nicht, was der Armeeseelsorger wirklich tut. Aber ich knie mich dann in dieses Thema rein.» Als bester Gegenleser und konstruktivster Kritiker dient dabei ihr Mann. «Er liest jedes Wort, und meistens bekommen wir Krach, wenn es um meine Reden geht.» Aber sie konsultiert dann ihre Bücher, schmollt ein wenig, überlegt sich die Einwände ihres Mannes und kommt dann meistens zum Schluss, dass er Recht hatte mit seinen Anregungen.

Neben den erwähnten Ämtern ist Silvia Pfeiffer auch Mitglied des Stiftungsrats des HEKS und Vorstandsmitglied des Arbeiterhilfswerks Schaffhausen. Da stellt sich die Frage, wie all diese Aufgaben zu bewältigen sind. Silvia Pfeiffer zuckt mit den Schultern: «Vieles läuft ja ineinander über. Ich kann gut quer lesen, bin eigentlich immer gut informiert durch meine verschiedenen Aktivitäten, vieles erfahre ich quasi automatisch, und dann habe ich noch meine ‹Pyjama-Tage›, an denen ich von morgens bis abends ungestört zu Hause arbeite.» Dass sie bei all diesen Ämtern auch eine anständige Portion Macht ausüben kann, ist ihr bewusst. Diese Tatsache führt sie auch immer wieder zu Gedanken über die Macht der Kirche. «Es geht weniger um die ‹Wahrheit des Evangeliums› als um die Macht der daraus abgeleiteten Werte, die sehr unterschiedlich interpretiert, dogmatisiert oder ideologisiert werden können.» Und da erfülle die Kirche ihren Auftrag manchmal nur ungenügend. Sie vermisst zeitweise «die Radikalität aus Glaube, Liebe, Hoffnung» im Rich'schen Verständnis, die zeugnishaft redet, ohne den Boden der Rechtstaatlichkeit oder der demokratischen Ordnung zu verlassen.

Die Kirche laviere manchmal viel zu stark und sei aus taktisch-politischen Gründen oft viel zu opportunistisch. «Radikalität aus Glaube, Liebe, Hoffnung ist von anderer Qualität als politische Meinungsmacherei und muss Platz haben in der Kirche, ohne die Meinungspluralität der Volkskirche in Frage zu stellen.» Hautnah erlebte sie das, als sie sich für die Segnung der gleichgeschlechtlichen Paare in der Schaffhauser Kirche einsetzte. Da seien ihr die Haare zu Berge gestanden, ob gewisser biblizistischer Argumente, die auf Ausgrenzung und Diskriminierung angelegt waren. «Wenn man diese Segnung nicht akzeptieren kann aufgrund des eigenen Bibelverständnisses, ist das legitim. Nicht zu rechtfertigen aber ist die Ausgrenzung und Diskriminierung von Menschen, die in einer gleichgeschlechtlichen Partnerschaft leben und dafür den Segen erbitten. Diese Haltung widerspricht ganz klar der Botschaft des Evangeliums.»

Differenzierte Gedanken macht sich Silvia Pfeiffer auch über ihre eigene – sehr vielfältige – Macht, was sie vor ein paar Jahren in einem Zeitschriftenartikel zum Thema «Allmachtsträume» festgehalten hat. Sie schreibt darin von der verführerischen Macht auch einer Kirchenratspräsidentin: «Ich bin jemand.» Sie spricht von Macht der Verantwortung, von der Macht als Sucht, weil man nicht mehr davon loskomme – aber auch von der Ohnmacht. Diese Ohnmacht, die immer mit Macht einhergeht, kostet sehr viel Kraft, inneres Ringen, Emotionalität, verbunden mit Selbstwertverlust. Und sie bedeutet manchmal auch Resignation. Silvia Pfeiffer schreibt über die strukturelle Macht, die viel gefährlicher sei als die individuelle Macht, weil man die Verantwortung an ein Gesetz, an ein System delegiere, das man nicht selbst zu verantworten habe. Im Bewusstsein dieser Verantwortung besinnt sich Silvia Pfeiffer auch immer wieder auf den Professor, der ihre Dissertation begleitet hat, Arthur Rich. Er hat in seiner Schrift «Radikalität und Extremismus» beschrieben, dass Gottes Macht nicht monokratische Allmacht, sondern Macht aus Glaube, Liebe, Hoffnung ist, sich selbst begrenzende Macht. Und Macht im Modus der Liebe verzichte auf die Durchsetzung durch Macht.

Den Horizont öffnen

Isabelle Ott-Bächler: Présidente du Conseil synodal Eglise
réformée évangélique du Canton de Neuchâtel von 1999 bis 2006

Karin Ammann

Als Isabelle Ott-Bächler am 1. September 1999 ihr Amt antrat, war sie die erste Frau, welche im Kanton Neuenburg als Kirchenratspräsidentin die Kirche leitete. Drei Stichworte umreissen die damalige Situation: Trennung von Kirche und Staat, knappe Finanzen, Restrukturierungsbedarf. Massive Einbussen standen in Aussicht! Einerseits galt es, unangenehme Entscheide zu fällen, durchzusetzen und zu kommunizieren. Anderseits sollte Vertrauen aufgebaut werden im Hinblick auf ein neues Zusammengehen sowie die Formulierung inhaltlicher Ziele.

Angefragt wurde die Pfarrerin von ihrem Vorgänger, zwei Jahre vor dem offiziellen Amtswechsel. Isabelle Ott scheute sich nicht, die Herausforderung anzunehmen. Aus Begeisterung Theologin geworden, engagiert in der Jugendarbeit, traute sich die Theologin diesen «Kulturwandel» zu, wenngleich sie sich vorher nicht speziell in kirchlichen Gremien engagiert hatte. Drei Faktoren gaben den entscheidenden Rückhalt: die Nähe zur praktischen Arbeit, die gesunde Aussensicht sowie die Verwurzelung im Glauben. Letztere ging auf ihr Elternhaus zurück. Vater und Mutter hatten den drei Kindern in weltlichen Belangen, aber auch bei geistig-religiösen Fragen ein Vorbild sein können.

Von Beginn weg konnte Isabelle Ott ihrer Tätigkeit interessante Facetten abgewinnen. «Ich war keine Staatsangestellte. Einerseits frei, andererseits gezwungen, mich durch mein Auftreten, meine Resultate zu behaupten. Umgekehrt war der Esprit wichtig, der Geist in dieser Kirche.» Diese Institution agiere subtil, nahe an Menschen und an Werten, beschäftige sich mit den essenziellen Dingen des Lebens: eines Lebens, das irgendwann beginnt und irgendwann endet.

Durch die beruflichen Aufgaben wie unterrichten, Projekte organisieren, Lager leiten, brachte die Theologin erste Führungserfahrung mit. Zusätzlich absolvierte sie Ausbildungen und Lehrgänge, zum Beispiel in Neurolinguistischem Programmieren NLP. Hinzu kamen Training on the Job, Coaching, Inter- und Supervision. «Etwas zu gestalten, das liegt unserer Familie. Mein Vater, ein Deutschschweizer, bekleidete eine bedeutende Position in der Wirtschaft. Meine Mutter lehrte uns die gegenseitige Wertschätzung, aber auch das Erkennen des eigenen Werts.»

Isabelle Ott verstand es, verschiedenste Kreise an einen Tisch zu bringen: Professionelle und Laien, Leute mit unterschiedlichsten Fähigkeiten und Voraussetzungen. Die Überprüfung des Erreichten geschah alle zwei Jahre, anlässlich einer Retraite. Dadurch sollte eine eigene Kultur entwickelt und verankert werden – forciert durch den internen Reformprozess. Teamworking bezeichnet die 52-Jährige als eine ihrer Stärken, neben der Krisentauglichkeit sowie dem unerschütterlichen Pioniergeist. Diesen hat sie sich aus der Zeit des Studiums bewahrt, als das gewählte Fach ihr eine reiche Welt eröffnete.

Die Offenheit verband sie mit dem Willen zu einer echten Erneuerung. Die 2003 umgesetzte Reorganisation der EREN (Eglise réformée évangélique du Canton de Neuchâtel) stellte für die Kirchenratspräsidentin einen Meilenstein dar. Sie beinhaltete alles, was man in der heutigen Wirtschaft braucht, um den «Turn around» eines Unternehmens zu erreichen: Konzepte, Realisierung, Controlling. Dazu Überzeugungskraft sowie gegenseitige Abstimmung, um die Pflichten des Arbeitgebers (wie Treu und Glauben, Fürsorgepflicht) nicht zu verletzen. Mit anderen Worten: moderner Humanismus, unter Berücksichtigung der realen Notwendigkeiten, der vorhandenen Ressourcen. Dazu gehörten auch das Hinterfragen bisheriger Aufgaben und ein Stellenabbau.

Was waren ihre Maximen, ihre Leitlinien? Als zentral bezeichnet die Neuenburgerin die Visualisierung von Zielen. Ziele geben eine Richtung, motivieren, helfen über Durststrecken hinweg. Als Methode sieht sie den Dialog. Diese Haltung findet sie bestätigt durch ihre reformierte Kirche, welche die Wahrheit sucht, aber nicht für sich beansprucht. Den Glauben als einen Weg unter vielen sieht, Unterstützung leistet, sich als Anlaufstelle versteht. Um diese Denkarbeit kommt auch Isabelle Ott nicht herum, als oberste Kirchenfrau des Kantons.

Wichtig ist dabei der Austausch mit ihrem Mann, einem Rechtsanwalt. Er bringt häufig einen anderen Blickwinkel ein. Als Anwalt muss er Taktik, Strategie, Psychologie und Rhetorik ebenso gewichten wie die Kraft der Argumente. Die Diskussionen mit ihm sind für Isabelle Ott äusserst befruchtend.

Nach sieben Jahren hat Isabelle Ott ihre Demission eingereicht, auf den 31. August 2006. Sie reduzierte bereits vorher aus gesundheitlichen Gründen, und um sich neu zu orientieren, ihr Anstellungspensum auf 50 %. Überlegt man sich als erste Frau den Rücktritt genauer? Die Angesprochene schüttelt den Kopf. «Die Medien haben sich immer auf diesen Punkt gestürzt. Obgleich die ideologische Sicht – Feminismus oder Emanzipation – in der Romandie weniger dominiert.» Isabelle Ott spricht lieber von «weiblichen Qualitäten», die allen dienen. Dabei geht es nicht um Quoten oder Prozente, sondern um übergeordnete Anliegen: Respekt statt Macht, Achtsamkeit, die Einhaltung von Regeln. Überhaupt: die Regeln! Isabelle Ott sieht darin eine Garantie für Zuverlässigkeit und für das Funktionieren eines gesamten Systems. «Ohne Regeln», betont sie, «schwinden Verbindlichkeit, Verlässlichkeit und Verantwortung. Letztlich regiert sonst das Recht des Stärkeren.»

Über die Frage, ob die Kirche demokratisch sein könne oder dürfe, denkt die Interviewte eine Weile nach. Auf den ersten Blick scheint ihr dies richtig. «Auf der anderen Seite verhält es sich so, dass bei uns – im Gegensatz zur Politik – nicht der Mehrheitsentscheid gilt. Wir bemühen uns um einen Konsens, versuchen, andere zu integrieren. Insofern haben wir eher eine Tradition der Konkordanz. Wo dies nicht geht, nehmen wir Kritik ernst, behalten sie im Auge. Es geht nicht um Überlegenheit, sondern darum, eine gute Lösung zu finden. ‹Chercher ensemble le bon chemin.› Dafür lassen wir uns Zeit!»

Isabelle Ott entsinnt sich weiterer Unterschiede: Im Gegensatz zur Demokratie lasse die Kirche explizit Minderheiten zu Wort kommen. Ausserdem beziehe sie alle, die möchten, mit ein. Hierzu müsse man nicht Schweizer Bürger, aufenthaltsberechtigt oder mindestens 18 Jahre alt sein. Insofern erbringe die Kirche Ergänzendes zu staatlichen Einrichtungen. Umgekehrt sollten Glaube oder Religion nicht Gegenstand öffentlicher Debatten sein, wie dies bei Sachthemen oder Abstimmungsvorlagen geschehe. Historisch betrachtet sei die reformierte Kirche eine Art Volksbewegung, ein Miteinander der Kräfte. Die politische Dimension rücke dabei in den Hintergrund.

Isabelle Ott kommt ins Philosophieren: «Die Reformierte Kirche ist ein komplexes Gebilde. Im Unterschied zur katholischen Kirche sind die Pfarrerinnen und Pfarrer Leute wie du und ich. Sie weisen weniger Distanz zu den Gläubigen auf. Sie gestehen ihnen zu, direkt mit Gott in Verbindung zu treten – ohne ‹Vermittlungsdienste›.» Dieser Umstand mache die Arbeit spannend, aber auch anstrengend. Auch als Amts- beziehungsweise Würdenträger müsse man in der reformierten Kirche durch die Person überzeugen, nicht durch die hierarchische Stellung und Vorschriften. Mit anderen Worten: «Die Kirche hat vorzuleben, was sie verkündet.» «Verständigung» ist Isabelle Ott ein grosses Anliegen. Das bedeutet: sich verständlich ausdrücken über Grenzen hinweg, abrücken von einer geschliffenen, hochgegriffenen Sprache zugunsten der Begegnung.

Nach ihrem Rücktritt möchte Isabelle Ott – nach einer ersten Erholungsphase – etwas Neues beginnen, im Bereich Beratung ihr Wissen an Manager, Unternehmen, Non-Profit-Organisationen weitergeben. Sie hat viele Erfahrungen gesammelt, die sich auf andere Situationen übertragen lassen. Sie hat ihre Intuition eingesetzt, die Chance einer Krise mit ihrer Kreativität genutzt. Die entstandene Vision möchte sie nun weiter einsetzen. «Mein Vater war bis 72 im Beruf. Besser gesagt: in seiner Berufung. Für ihn war es kein Job, sondern eine Passion. So etwas zu finden, schwebt mir vor.»

Psychologie und Theologie in einem

Marianne Bianchi: Synodalratspräsidentin der Evangelisch-reformierten Kirche im Kanton Tessin seit 2002

Esther Girsberger

Wenn sie wollte, könnte sich Marianne Bianchi bei ihrer Kirchenarbeit in dreifacher Hinsicht diskriminiert fühlen: Sie ist als Frau, Deutschschweizerin und Reformierte im Kanton Tessin tätig. Aber keinen dieser drei Faktoren empfindet die Bernerin als besonderen Nachteil. Am ehesten macht ihr die Tatsache zu schaffen, dass sie als evangelisch-reformierte Präsidentin im Kanton Tessin zwar einer öffentlich-rechtlich anerkannten Kirche vorsteht, von der katholischen Kirche aber nicht gross zur Kenntnis genommen wird.

Begonnen hat ihre Tessiner Zeit im Jahre 1966, als Marianne Bianchi mit 26 Jahren ihrem Mann in die Südschweiz folgte. Kurz nach ihrer Ankunft kam am Karfreitag ein Priester vorbei, der wie selbstverständlich das Haus für Ostern segnete. «Ich wusste gar nicht, was los war, kam schon gar nicht auf die Idee, ihm etwas für den Segen zu geben, wie das eigentlich üblich war.» Dass die junge Frau eine Protestantin sein könnte, diese Erklärung kam niemandem in den Sinn. Ausser beim Pfarrer ihrer Kirchgemeinde. Er suchte sie ebenfalls kurz nach ihrer Ankunft auf und bat sie, Sonntagschule zu erteilen. Bezeichnenderweise wurde aus dem Sonntagschul-Unterricht bald eine Donnerstagschule, «weil die Eltern keine grosse Lust hatten, ihre Kinder am Sonntag in den Unterricht zu schicken». Später war die junge Marianne Bianchi als Religionslehrerin am kantonalen Untergymnasium tätig.

Eines Tages wurde sie in die Synode gewählt, der sie während über 20 Jahren angehörte. «Es war eine so lange Zeit. Ich weiss schon gar nicht

mehr, wie lange.» Auch andere Kirchenämter kamen im Laufe der Zeit
dazu. Immer wieder trug sich Marianne Bianchi mit dem Gedanken aufzuhören. Aber aus ihrem Verantwortungsgefühl der reformierten Kirche
gegenüber blieb sie dabei, zumal sie nie daran gehindert wurde – ihrem
Charakter entsprechend –, alles zu hinterfragen, und weil sie in den verschiedenen Ämtern immer wieder eine Herausforderung sah. Zudem lag
und liegt ihr die Kirchenarbeit am Herzen. Noch mit 66 Jahren stellt sie
sich erneut für eine vierjährige Amtsperiode als Kirchenratspräsidentin
zur Verfügung.

Aber die menschlichen Auseinandersetzungen liessen die Psychologin
doch immer wieder an ihrem Engagement zweifeln. Gleichzeitig waren
es gerade diese Reibereien, die sie auch motivierten. Erst recht nach ihrem späten Studium der Psychologie, das sie 1988 begann und fünf Jahre
danach mit dem Lizentiat abschloss. «Das Psychologiestudium hat mir
auch in der Kirchenarbeit sehr geholfen. Ich kann besser mit mir selber
umgehen, fühle mich gefestigt und habe den Eindruck, klar und konsequent zwischen sachlichen und menschlichen Konflikten unterscheiden
und danach handeln zu können.» Nicht selten denkt Marianne Bianchi,
es würde den Pfarrern gut tun, etwas mehr Psychologie und Selbsterfahrung im Studium mitzubekommen. «Mit einem Menschen umzugehen,
das liegt lange nicht allen.»

Dabei hatte auch Marianne Bianchi lange gezögert, ob sie sich für die
Theologie anstatt der Psychologie entscheiden und sich an der theologischen Fakultät der Uni Bern einschreiben sollte. Sie tat es nicht, «weil ich
erst mit 48 Jahren studierte und das Gefühl hatte, ich könnte nach
Studienabschluss aus Altersgründen nicht mehr allzu lange eine Pfarrgemeinde führen». Zudem ist sie überzeugt, dass sie es in der Psychologie mit den gleichen existenziellen Herausforderungen und Sinnfragen
zu tun hat wie in der Theologie.

Das späte Studium geht auf eine Abmachung zwischen ihrem Mann
und ihr zurück. Als sie wegen ihres Ehemanns ins Tessin zog und auf ein
Weiterstudium verzichtete, weil das Tessin damals noch keine Universität hatte, wurde vereinbart, dass die Ehefrau später zum Zuge kommen
sollte. «Als die Töchter dann gross waren, konfrontierte ich meinen
Mann damit, dass ich mich jetzt an der Uni Bern eingeschrieben hatte.»
Er stutzte zuerst, erinnerte sich aber sehr wohl an den vor mehr als 27
Jahren geschlossenen Pakt und akzeptierte, dass er die Woche über allein
zurechtkommen musste. Während fünf Jahren wohnte und studierte Ma-

rianne Bianchi die Woche über an der Aare und fuhr übers Wochenende ins Tessin. Aber auch unter der Woche reiste sie durchaus mal für eine Sitzung im Zusammenhang mit einem Kirchenamt und dem Amt als FDP-Gemeinderätin in Manno ins Tessin.

Zurück im Tessin bildete sich die frisch diplomierte Psychologin zur Psychotherapeutin weiter, war gleichzeitig aber wieder intensiver für die Kirche tätig. Die neue Selbstsicherheit, die über 400 Stunden Selbsterfahrung und die Distanz der letzten Jahre bewährten sich. Ihr Ziel war und ist: «Den reformierten Glauben darstellen, stolz darauf sein, ihn bekannt machen, das ist eine meiner wichtigsten Aufgaben.» Und eine nötige dazu: Vor Ostern 2006 beispielsweise fragte eine Patientin von Marianne Bianchi, ob sie ihr auch schöne Ostern wünschen dürfe. Selbst hoch positionierte Persönlichkeiten im Tessin erweisen sich oft als unwissend gegenüber der evangelisch-reformierten Kirche, zeigen sich im Gespräch jedoch sehr interessiert daran, die wichtigsten reformierten Grundsätze zu erfahren. Daneben liegt Marianne Bianchi – die ihre fast 20-jährige Tätigkeit als Deutschlehrerin am KV Lugano zu Gunsten der ehrenamtlichen Tätigkeit aufgegeben hat – ein Aspekt am Herzen: die Kommunikation. Die Kommunikation unter den drei Kirchgemeinen, aber auch innerhalb der Kantonalkirche: «die gegenseitige Toleranz sowie das Bewusstsein, dass wir in einem ausschliesslich italienischsprachigen Kanton leben.» Sie hält ihre Sitzungen denn auch immer in Italienisch ab – selbst dann, wenn alle perfekt Deutsch können.

Schwer fällt Marianne Bianchi ihre Informations- und Kommunikationsarbeit nicht. Einerseits ist sie von der protestantischen Kirche überzeugt, was sie von der katholischen Kirche nicht behaupten könne. Die katholische Lehre von der Sünde und der Vergebung und die Absolution durch Priester bereiten ihr Schwierigkeiten. Anderseits profitierte Marianne Bianchi in ihrer eigenen Religionsausbildung von äusserst kompetenten Lehrkräften, die in keiner Art und Weise «ideologisch» gelehrt, sondern die anderen Religionen und Kulturen immer respektiert und verstanden hätten, so zum Beispiel ein zum Protestantismus konvertierter Katholik, der an der katholischen Universität in Rom Kirchenrecht unterrichtete.

Deshalb setzt sich Marianne Bianchi im Tessin auch vehement zur Wehr, wenn religiös Andersdenkende nicht ernst oder – wie eben die protestantische Minderheit im Tessin – nicht wahrgenommen werden. Wenn sie als Kirchenratspräsidentin zum Durchstich des Monte-Ceneri-

Tunnels eingeladen wird und feststellt, dass dieses Ereignis zwar die Segnung des Bischofs verdient, die Evangelisch-reformierte Kirche, obwohl sie als öffentlich-rechtlich Kirche anerkannt ist, aber nicht aktiv an der Zeremonie teilnehmen soll, wehrt sie sich schriftlich. Mit einigem Erfolg: Die Kirche wird eingeladen, mit dem Bischof Kontakt aufzunehmen, um bei der Feier wenigstens mitzuarbeiten. «Sich einzusetzen und zu protestieren, lohnt sich oft», bilanziert die 66-Jährige. Allerdings lange nicht immer: Als sie erfuhr, dass der Bischof während des Schulunterrichts bei den Schülern Pastoralbesuche macht, obwohl die Trennung zwischen Kirche und Staat im Tessin hochgehalten wird, wandte sie sich an die Regierung. Die gab ihr zwar Recht; aber ausser einem Brief an die Schulinspektoren geschah nichts in dieser Sache.

Gegen die Macht der katholischen Kirche, so das Fazit von Marianne Bianchi, sei fast nicht anzukommen. Eine Erklärung dafür, dass die Diaspora-Kirchen in anderen Kantonen einen besseren Stand haben, sieht Marianne Bianchi in der geografischen Lage des Tessins: Die angrenzenden Kantone und Länder – Uri und vor allem Italien – seien eben alle katholisch geprägt. Dennoch will Marianne Bianchi ihren Einsatz für mehr Toleranz und kritisches Hinterfragen des eigenen Glaubens nicht verringern.

Eine historisch-kritische Bibelauslegung im Sinne des Theologen Rudolf Bultmann[1] fällt Marianne Bianchi, die «schon während des Konfirmandenunterrichts alles hinterfragt hat», nicht schwer. Gefördert worden sei ihr kritischer Geist auch durch ihre Eltern, die ihrer Zeit weit voraus gewesen seien. Längst vor Einführung des Frauenstimmrechts hätten sie sich für die Sache der Frau stark gemacht. So war es auch selbstverständlich, dass ihre Tochter das Gymnasium besuchte. Später wurde Marianne Bianchi Mitglied des damaligen Frauenhilfsdienstes, unter anderem weil die 1940 Geborene noch vom Krieg geprägt war. «Ich befürchtete immer, dass es demnächst wieder zum Krieg kommen könnte, und wollte

---

[1] Rudolf Karl Bultmann, geb. 20. August 1884 in Wiefelstede, gest. 30. Juli 1976 in Marburg, war ein liberaler ev. Theologe und Philosoph, Schüler des Philosophen Martin Heidegger. Professuren in Breslau (1916–1920), Giessen (1920–1921) und v.a. in Marburg (1921–1951). Dort wurde er bekannt durch sein Programm der Entmythologisierung der neutestamentlichen Bibeltexte, das die historisch-kritische Forschung mitbegründete.

in einem solchen Fall auch meine eigene Rolle haben.» Ob sich Armee und Kirche vertragen würden, diese Frage stellte sie sich zur damaligen Zeit nicht. Bei der Invasion in Ungarn im Jahre 1956 demonstrierte die damals 16-Jährige vor der russischen Botschaft. Der Tränengaseinsatz der Polizei habe sie insofern geprägt, als sie nicht mehr an die Illusion des Friedens geglaubt habe, sondern überzeugt war, «dass es demnächst wieder zu einem Krieg in unmittelbarer Nähe kommt». Trotz ihrer Auflehnung gegen Dinge, die sie nicht glauben könne und wolle.

Fünfzig Jahre später sieht sie die Dinge etwas anders, rüstet sich nicht für den Krieg, sondern setzt sich für den Frieden ein. In der Annahme, dass sich zumindest in Europa der ursprüngliche Gründungsgedanke der Europäischen Union für ein friedliches Europa durchsetzen könne. «Meine heutige Haltung hat nichts mit dem Wandel der Rolle der Frau zu tun», antwortet Marianne Bianchi auf eine dahingehende Frage. «Ich habe mich als Frau nie in Frage gestellt gefühlt. Wurde ich angegriffen, so empfand ich dies als Angriff auf meine Person.» Ihr Ehemann bezeichne sie zwar immer wieder als Feministin. «Aber ich bin ganz grundsätzlich einfach für Gleichberechtigung.»

Seit ihr Mann (früherer Personalchef und lange Zeit Betriebsdirektor der «Radiotelevisione Svizzera di lingua italiana») pensioniert ist, haben sie mehr Zeit für solche Gespräche. Wichtig ist Marianne Bianchi nach wie vor der Kontakt zu ihren beiden Töchtern und ihren zwei Enkelinnen. Die unterschiedlichen Aufgaben in ihrem Leben empfindet die Wahl-Tessinerin als immense Bereicherung, auch wenn die Koordination nicht immer einfach war. «Eine gute Organisation ist unabdingbar», stellt Marianne Bianchi fest – wie viele andere, die Beruf und Familie unter einen Hut bringen wollen. Und die Mühe lohnt sich: «Die Gefahr, sich einseitig nur in eine Richtung zu bewegen, ist dadurch gering.» So stellt sie sich für eine weitere Legislaturperiode zur Verfügung. Mit dem Ziel, «stärker nach aussen zu vertreten, wie unsere Kirche funktioniert». Nicht nur, damit die sieben Prozent im Tessin lebenden Protestanten stärker gehört werden, sondern auch aus dem einfachen Grund, «dass bis dahin jemand anderer meine Arbeit übernehmen kann».

Der Basis verpflichtet

Karin Gerber-Jost: Kirchenratspräsidentin der Evangelisch-
reformierten Kirche des Kantons Nidwalden seit 2002

Esther Girsberger

Es würde nicht weiter erstaunen, wenn Karin Gerber-Jost während ihrer Jugend den Zugang zur Kirche gefunden hätte: Geschwisterlos, verlor sie mit zwölf Jahren ihren starken Vater. Die Beziehung zur Mutter war zeitlebens schwierig. Während die Tochter sonntags früh aufstand, um den «Pflicht-Gottesdienst» zu besuchen, schlief die Mutter aus. Nicht sie war für die Tochter da, sondern umgekehrt. Karin Gerber fühlte sich allein, im Stiche gelassen. Halt suchte sie aber nicht bei Gott und im Gebet, sondern bei ihrer Grossmutter, deren Mann sich das Leben genommen hatte. Zwar glaubte Karin Gerber an irgendeine höhere Macht. Und das Beten des Unservaters half ihr, Schlaf zu finden. Aber viel mehr bedeutete ihr die reformierte Kirche nicht. Die Grossmutter besuchte das Grab ihres Sohnes kein einziges Mal, weil sie sich gegen solche öffentlichen Bekenntnisse wehrte. Zu Hause stand in Erinnerung an den verstorbenen Sohn zwar immer eine frische Rose neben dem Foto auf dem Schreibtisch. Aber der Besuch des Grabes als Demonstration, dass man den geliebten Menschen nicht vergesse, lag ihr nicht. Aus dem gleichen Grund war sie auch keine Kirchengängerin. Solche Haltungen, diskutiert in vielen persönlichen Gesprächen mit ihrer Grossmutter, beeindruckten und prägten Karin Gerber. In der Kirche stützt sie bis heute in erster Linie das soziale Element.

Als Karin Gerber mit 17 Jahren ihren heutigen Mann kennen lernte, ihm in die Innerschweiz nach Buochs folgte und mit 23 Jahren heiratete, kam ein erneuter Kontakt zur Kirche zustande – über den Frauenverein.

Sie wurde angefragt, ob sie helfen würde, die nicht mehr sehr präsente Ortsgruppe des reformierten Frauenvereins zu erneuern. Sie, die Neuzuzügerin, die sich in Nidwalden zu Hause fühlte und wusste, dass sie mit grösster Wahrscheinlichkeit auch dort bleiben würde, und immer voller Ideen und Energie ist, sagte spontan zu. «Kreativität, Innovation und Ideenreichtum sind ein wichtiger Bestandteil meines Berufs als Dekorationsgestalterin», betont Karin Gerber. Das war es auch, was sie bei der Wiederbelebung des Frauenvereins reizte. Hinzu kam, dass sie den Zusammenhalt innerhalb der reformierten Kreise, die sich in der katholisch geprägten Innerschweiz ja immer in der Minderheit befanden, sehr schätzte: «Überall dort, wo man sich in der Minderheit fühlt, ist der Zusammenhalt stark.» Mit 25 Jahren wurde sie Ortsvertreterin des Frauenvereins und damit auch Vorstandsmitglied. Sie suchte und schätzte den Kontakt zur Basis, begann mit Besuchen von Seniorinnen und Senioren und war während 20 Jahren Mitorganisatorin des Gottesdienstes der Frauen zum Weltgebetstag in Stansstad und Buochs.

Als Karin Gerber angefragt wurde, ob sie das Präsidium des Frauenvereins übernehmen wolle, lehnte sie ab. Einerseits war sie als Dekorationsgestalterin sehr aktiv, anderseits stellte sich dem kinderlosen Ehepaar die Frage, ob sie sich zu einer Adoption entschliessen wollten. 1984 übernahmen sie dann als Pflegetochter das dreimonatige Schweizer Mädchen, dem sie den Namen Tina gaben und das sie später adoptierten. Der Familienzuwachs hat Karin Gerber auch in ihrer Beziehung zur Kirche stark geprägt. Nicht nur machte sie sich oft Gedanken «an die Macht da oben, die uns dieses Kind geschenkt hat». Sie wollte ihrer Tochter auch ersparen, was ihr in ihrer Kindheit widerfahren war: «eine mehr zufällige Begegnung mit dem Evangelium». Über die Taufe entstand eine Bindung an die Kirche, die Karin Gerber – von ihren Gottesdienstbesuchen her – als wenig definiert beschreibt.

An Kirchenversammlungen begann sie, Fragen zu stellen, worauf die Kirchengemeindemitglieder auf sie aufmerksam wurden. Ausschlaggebend für ihre Mitgliedschaft im Kirchenrat (der Exekutive der Kantonalkirche) war aber eine unschöne Episode mit dem damaligen Gemeindepfarrer. Im persönlichen Kontakt mit ihm kam Karin Gerber zum Schluss, dass dieser mehr Schaden als Gutes anrichte, und setzte sich für eine Abstimmung bezüglich seiner Wiederwahl ein. Diese nicht sehr dankbare Aufgabe – bezeichnenderweise von einer Frau übernommen – führte dazu, dass der Kirchenrat sie als Mitglied gewinnen wollte. Sie sagte allerdings ab: «Es war mir zuwider, aus diesem Einsatz heraus für ein solches Amt angefragt zu werden.»

Zwei Jahre später, 1996, als wieder eine Vakanz entstand, war der Zeitpunkt passender. Karin Gerber fühlte sich sicherer, und im Jahre 1998 avancierte sie zur Kirchenratsvizepräsidentin. Ihre Neugierde sowie die Stärke, bei Auseinandersetzungen nicht immer alles persönlich zu nehmen, führten dazu, dass sie zum unentbehrlichen Kirchenratsmitglied wurde. Getragen von der «positiven Energie, die mir anscheinend schon in die Wiege gelegt worden ist». Obwohl Karin Gerber vor der Wahl zur Präsidentin schon einmal für dieses Amt angefragt worden war, sagte sie erst im Jahre 2002 zu. «Ich hatte zu viele andere Engagements.» Tatsächlich war die Liste der Ehrenämter gross: Vorstandsmitglied des Samaritervereins Buochs, Vizepräsidentin der FDP Buochs, Gruppenchef Zivilschutz Sanität, Präsidentin der pro juventute Nidwalden, um nur einige zu nennen.

Dass sie sich im Jahre 2002 trotzdem zur Verfügung stellte, hatte vor allem interne Gründe: Ihr Vorgänger im Kirchenratspräsidium hatte gesundheitliche Probleme, sodass die Vizepräsidentin ihn immer öfter vertreten musste. «Eine sehr undankbare Aufgabe», sagt Karin Gerber: «Ich wollte ihn nicht vor den Kopf stossen, indem ich meine Ansichten statt die präsidiale Haltung vertrat, doch der Kirchenrat merkte, dass es mir in dieser Rolle unwohl war.» Als der Staatsanwalt krankheitshalber zurücktrat, sprang die Vizepräsidentin für ein Jahr ein – und wurde 2002 als Präsidentin gewählt.

Seither führt Karin Gerber die Evangelisch-Reformierte Kirche Nidwalden, eine Kirche in der Diaspora, aber öffentlich-rechtlich anerkannt. Mit rund 4'500 Mitgliedern ist die Kirche klein, aber durch den intensiven Kontakt mit den anderen protestantischen Innerschweizer Kirchen dennoch eine ernst zu nehmende Kraft. Eine Instanz, die sich in gemeinsam formulierten Beschlüssen wirkungsvoll bei den Abgeordnetenversammlungen des Schweizerischen Evangelischen Kirchenbunds (SEK) einbringt. Erst seit dem Jahr 2003 sind die Kirchen von Nidwalden, Schwyz und Uri sowie der Verband der Evangelisch-reformierten Kirchgemeinden des Kantons Obwalden selbstständige Mitglieder des SEK. Vorher waren sie Teil des gemeinsamen Zentralschweizer Kirchenverbandes.

Die Aufnahme ist nicht zuletzt der tatkräftigen Vorbereitung von Karin Gerber zuzuschreiben. «Die Kleinheit hat den Vorteil, dass man sich

sehr nahe ist», sagt Karin Gerber. Und dass man weiterhin die Basis-
arbeit pflegen kann, was der 54-Jährigen nach wie vor sehr wichtig ist.
Als reizvoll bezeichnet sie daneben auch die «ausgezeichnete Akzeptanz
durch die katholische Kirche in Nidwalden». Seit 2004 kennt der Kanton
denn auch den interkonfessionellen Religionsunterricht an der Schule.

Als Frau benachteiligt fühlt sich Karin Gerber nicht im Geringsten.
Was bei ihrem Versuch, in die Politik einzusteigen, anders war. Als die
Freisinnige im Jahr 1992 für den Schulrat kandidierte, wurde sie knapp
nicht gewählt. Kurz vor der Volkswahl bekam der Freisinn kalte Füsse
und stellte im letzten Moment noch zwei männliche Kandidaten auf. Mit
unglücklichen Folgen: Durch die sich auf die drei Kandidaten verteilen-
den Stimmen schaffte keiner die Wahl. Dadurch war erstens die FDP
nicht mehr und zweitens keine Frau mehr im Schulrat vertreten. Dennoch liess sich Karin Gerber nicht entmutigen und kandidierte 1994 für
den Kantonsrat. Auch dort verpasste sie die Wahl knapp. Was sie massgeblich einem «sportlichen Ereignis» zuschreibt: Karin Gerber hatte sich
dafür ausgesprochen, die hohe Investition für ein neues Fussballfeld
nicht nur durch die Gemeindeversammlung, sondern durch das gesamte
Stimmvolk absegnen zu lassen. Ein «Ansinnen», das ihr als allgemeine
Ablehnung ausgelegt wurde. Ihre zeitweilige «Blauäugigkeit» sieht Karin
Gerber denn auch ab und zu als ihre Schwäche: «Ich bin grundehrlich,
immer anständig. Und ich erwarte das auch von den anderen.» Eine
Erwartung, die sich auch bei der Kirche leider nicht immer erfüllt habe.

Das Unternehmen Kirche professioneller machen

Lini Sutter: Kirchenratspräsidentin der Evangelisch-reformierten Landeskirche Graubünden seit 2005

Esther Girsberger

Das Brückenschlagen liegt Lini Sutter im wahrsten Sinne des Wortes in der Natur: Seit 25 Jahren lebt sie in der Mesolcina, in einem der vier italienischsprachigen Täler des Kantons Graubünden, das sich von San Bernardino Richtung Süden bis Bellinzona erstreckt – und dadurch ans Tessin angrenzt. In Thusis geboren, kennt Lini Sutter nicht nur die Region rein geografisch in- und auswendig. Sie war zeit ihres Lebens auch der Kirche verbunden, sodass es kaum eine Kirchgemeinde gibt, die ihren Namen nicht kennt. Verbindungen bestehen zu Chur genauso wie zu Bellinzona oder zu Roveredo, wo sie heute wohnt. Aber auch zu Arbedo, wo ihr Ehemann eine Arztpraxis für Allgemeinmedizin betreibt.

Als Lini Sutter nach ihrer Heirat im Jahre 1979 in die Mesolcina zog, stellte sie rasch fest, dass die evangelisch-reformierte Kirche im italienischsprachigen Bezirk keinen Platz hatte. Das störte sie zwar, aktiv ändern wollte sie dies jedoch erst, als die zweite der drei Töchter geboren wurde. Sie wollte ihnen eine religiöse Heimat ausserhalb des Elternhauses aufzeigen. Nach Konsultationen in Chur begann die 32-Jährige 1983 sich zusammen mit zwei, drei jungen Familien und weiteren Interessierten zu organisieren. Mit Erfolg: 1986 gründeten sie eine Kirchgemeinde, die anfänglich 32 Mitglieder zählte. Mittlerweile sind es 320. Einerseits ist das auf protestantische Neuzuzüger in der Region zurückzuführen, anderseits aber auch auf die Tätigkeit, welche die Kirchgemeinde entwickelt: «Weil wir am Anfang so wenige waren, brachte jeder seine eige-

ne Tradition mit in die Gemeinde.» Traditionen wie das besondere
Feiern des Erntedankfestes, das die Kirchgemeinde von einer Familie
übernahm und das mittlerweile von allen gefeiert wird. Die Offenheit
gegenüber den verschiedenen Traditionen, den verschiedenen Denkrich-
tungen und Werthaltungen macht für Lini Sutter die «lebendige Kirche»
aus, die ihr so wichtig ist. Dafür engagiert sie sich seit 25 Jahren, zunächst als Gründerin der Kirchgemeinde Mesolcina/Calanca, danach
während 13 Jahren als deren Präsidentin. Anschliessend war sie langjähriges Mitglied und Präsidentin des Evangelischen Grossen Rats Graubünden. Von 1997 bis 2000 leitete sie die Sitzungen der kirchlichen
Legislative, bis sie 2004 zur Kirchenrätin gewählt wurde. Seit 2005 ist sie
die erste Frau an der Spitze der Bündner Landeskirche.

Für das Kirchenengagement wird Lini Sutter ab 2008 voraussichtlich
noch mehr Zeit zur Verfügung haben. Dann wird die Anwältin (die nach
der Haushaltschule das Handelsdiplom erwarb, die Matura nachholte
und anschliessend an der Universität Zürich ihr Jura-Studium aufnahm)
ihre 13-jährige Tätigkeit als Richterin am Kantonsgericht Graubünden
abgeben. Die laufende Justizreform im Kanton Graubünden sieht vor,
dass das Teilzeitrichteramt künftig nicht mehr möglich sein wird. Bis
jetzt amtieren drei Richter im Vollamt, alle anderen sind im Nebenamt
tätig. Nach der Justizreform soll es nur noch Vollzeitrichterstellen geben.
Lini Sutter hat sich entscheiden müssen, entweder zu hundert Prozent
als Richterin tätig zu sein oder zu demissionieren.

Leicht fiel ihr die Entscheidung nicht, da sie das Richteramt mit grosser Freude ausübt. Eine leise Enttäuschung ist auch nicht zu überhören;
besonders, da dieser Teil der Justizreform nicht eben familienfreundlich
ist. Aber es passt nicht zu Lini Sutters bescheidener und ausgewogener
Art, sich darüber laut aufzuregen. Sie sieht darin auch ihr Gutes: «Ich
kann mich intensiver der Kirchenarbeit widmen.» Sie tut dies in einer un-
gemein bescheidenen Art, stellt ihr Licht unter den Scheffel. Sie bildet
sich wenig ein auf ihre Pionier-Arbeit: «Es ist mir nicht wichtig, meine
Leistungen zur Schau zu stellen. Wichtig ist mir, einen Beitrag zu guten
Lösungen zu leisten.» Wobei sie durchaus eine kämpferische Natur hat.
Was sich beispielsweise zeigte, als sie für den Kirchenrat kandidierte –
und gleich drei männliche Mitbewerber ausstechen musste. Das tat sie
mit Überzeugung, imponierte bezeichnenderweise nicht durch laute
Worten, sondern mit ihrem Leistungsausweis. Neben der Mitbegründung
der Kirchgemeinde Mesolcina/Calanca hatte sie es immerhin zu Stande

gebracht, dass die Kirchgemeinde das «Centro Evangelico» in Grono baute, ein heute wichtiger Mittelpunkt für die in der der Diaspora lebenden Reformierten der Region. Mit den unterlegenen Kandidaten pflegt sie einen guten Kontakt. Zwei von ihnen sitzen heute im Evangelischen Grossen Rat.

Mit dem Kirchenratspräsidium hat das Ausmass ihrer Tätigkeit nochmals stark zugenommen. Was natürlich auch mit der Grösse des Kantons zu tun hat, schliesslich ist Graubünden mit seinen über 70'000 Hektaren flächenmässig der grösste Kanton der Schweiz. Das zeigt sich auch an den vielen, eher kleinen Kirchgemeinden – über 130. Diese Zahl wird nun reduziert dank der vor allem aus finanziellen Gründen durchgeführten Neustrukturierung. Ein wichtiger Teil ihrer Kirchenratspräsidiumsarbeit ist für Lini Sutter denn auch das Reisen: Es geht nicht nur darum, die Kirchgemeindevorstände kennen zu lernen, sondern auch die Gemeinden zu unterstützen, ihnen bei Fusionen mit Rat und Tat zur Seite zu stehen.

Dabei kommen der Juristin die Kenntnisse ihrer Ausbildung zugute. Und ihre vermittelnde, aber bestimmte Art. Bezeichnenderweise war Lini Sutter, die nach dem Studium auch das Anwaltspatent erworben hatte, im Anwaltsberuf nicht glücklich: «Mir gefällt es, beide Seiten anzuhören und mir ein Gesamtbild zu machen.» Als Anwältin war ihr das nicht möglich – als Kirchenratspräsidentin sehr wohl. Zuzuhören, den Kontakt mit den verschiedensten Seiten zu pflegen, das sei eine der grossen Faszinationen in ihrem Amt, sagt Lini Sutter. Und die grosse Vielfalt, die sie in ihrer Arbeit spürt: «Unser Auftrag als Kirche ist klar definiert: die Verkündung des Evangeliums, die Sichtbarmachung der gemeinsamen Mitte. Wie wir aber Menschen mit unterschiedlichen Schwerpunkten im Leben und im Glauben abholen, darin liegt unsere Herausforderung.»

Lini Sutter hat klare Vorstellungen, wie sie diese anpacken will. Unter anderem durch eine professionelle Kommunikation (im Innern und nach aussen) sowie eine professionalisierte Führungsarbeit. «Es ist spannend herauszufinden, welche Managementwerkzeuge man in der Kirche anwenden kann und welche nicht.» Sie scheut sich nicht, Krisenkommunikations-Konzepte oder Führungsmethoden aus der Unternehmerwelt anzuwenden. Schliesslich handle es sich bei der Kirche gewissermassen auch um ein Dienstleistungsunternehmen. Wesentliches sei dabei aber einfacher: «Wir müssen nicht eigentlich etwas verkaufen. Kirche ist nicht ‹machbar›, auch nicht mit den besten Ideen und Methoden. Wir müssen

einfach professioneller werden, kompetenter und vor allem glaubwürdig
sein.»

Lini Sutter verschweigt nicht, dass die Bemühungen um Professiona-
lisierung auf etwelche Schwierigkeiten stossen. Die Pfarrer beispielsweise
müssten umdenken und sich mit Führungsstrukturen vertraut machen,
die ihnen nicht geheuer sind: Wenn man von «Gemeindeleitung» spre-
che, hätten sie teilweise Mühe mit diesem Begriff. Nicht einfach sei es
auch, bei den vielen mitarbeitenden Freiwilligen professionelle Strukturen zu erreichen. Es brauche viel Raum für den Dialog in der Kirche.
Hier sieht Lini Sutter (die sich als Frau weder im Beruf noch in der
Kirche diskriminiert fühlte) auch einen allfälligen Unterschied zwischen
den Geschlechtern: «Wir Frauen sind vielleicht dialogbereiter, offener.»

Offenheit, Gastlichkeit, aber auch ein starkes soziales und gesellschaftliches Engagement auf der Grundlage der christlichen Grundwerte
wünscht sich Lini Sutter für die evangelisch-reformierte Kirche. Dafür
will sie sich einsetzen. Als jemand, der mithilft, Brücken zu bauen – auch
zu Anderssprachigen, Andersdenkenden und Andersgläubigen.

Das Schicksal als Chance

Verena Enzler: Synodalratspräsidentin der Evangelisch-
reformierten Kirche Kanton Solothurn seit 2006

Esther Girsberger

Verena Enzlers aktives Engagement in der Kirche begann nach einem harten Schicksalsschlag: Als ihr Mann nach einem schweren Krebsleiden im Jahr 2001 verstarb, war für die damals 47-Jährige klar, dass sie sich eine Arbeit suchen musste. Während zehn Jahren war die Juristin in der Arztpraxis ihres Ehemannes tätig gewesen. Zuerst hatte sie beim Aufbau der orthopädisch-chirurgischen Praxis geholfen, danach die Administration und das Rechnungswesen geführt. Geistig hatte sich Verena Enzler auf die Zeit nach dem Tod ihres Mannes vorbereiten können. Da er aber bis zuletzt nicht akzeptieren wollte, dass nur geringe Heilungchancen bestanden, waren der Tod und das Danach zwischen ihr und ihrem Gatten kein Thema. Was mit der Praxis geschehen sollte, was mit dem eigenen Haus und was mit den Kindern, das alles blieb unbesprochen.

Umso aktiver – «geradezu hektisch, was teilweise auch mit der Verdrängung des Unausweichlichen zu tun hatte» – wurde Verena Enzler ein paar Wochen nach dem Tod ihres Mannes. Sie erzählte in ihrem Freundes- und Bekanntenkreis von der Notwendigkeit einer bezahlten Erwerbstätigkeit. Keine einfache Aufgabe: Einerseits lag das Jura-Studium so lange zurück, dass ein Wiedereinstieg schwierig geworden wäre. Andererseits hatte sie sich zu Lebzeiten ganz auf ihren Mann eingestellt, für den die 80-Stunden-Woche keine Ausnahme gewesen war. Ihr Tätigkeitsfeld ausserhalb Familie und Arztpraxis war deshalb stark eingeschränkt gewesen. Aus der aktiven Stellensuche von Verena Enzler resultierte zunächst ein Ehrenamt: Ein Pfarrer hatte sie darauf aufmerksam gemacht, dass in ihrem Wohnkanton die Position des Synodepräsidiums frei würde. Sie bewarb sich und wurde 2002 gewählt – «obwohl ich zuvor nur als Sonntagschullehrerin und Kirchenchormitglied gewirkt hatte». Aus rund 60 Bewerbungen, die sie geschrieben hatte, ergab sich schliesslich eine 20 %-Anstellung für den Aufbau einer Patientenberatungsstelle im Kanton Aargau. «Ein Glücksfall, denn ich konnte meine juristische Ausbildung und meine Erfahrung im Gesundheitswesen – insbesondere mit den Krankenkassen – anwenden.»

Die Zeit nach dem Tod ihres Mannes beschreibt Verena Enzler im Nachhinein auch als Chance: «Solange mein Mann gelebt hat, war es für mich stimmig, mich ganz auf ihn und unsere beiden Kinder einzustellen. Aber jetzt geniesse ich es doch, ein eigenes Leben zu leben.» Der Weg dahin war allerdings sehr beschwerlich. Verena Enzler, die mit einer reformierten Mutter und einem katholischen Vater in der aktiven Kirchgemeinde March/Höfe protestantisch aufgewachsen ist, tat sich nach dem Tode ihres Mannes schwer mit der Kirche und Gott: «Ich haderte mit ihm, war wütend und konnte während Monaten nicht mehr beten.» Lange hatte sie kein Vertrauen mehr.

Mut, die schwierige Aufgabe der Stellensuche in Angriff zu nehmen, erhielt sie durch eine Laufbahnberatung bei einer Unternehmerin, die sich intensiv mit Genderfragen auseinander gesetzt hat und sich insbesondere für Wiedereinsteigerinnen einsetzt. «Ich bin überzeugt, dass Sie ihren Weg gehen werden», sagte sie ihr. So einfach der Satz auch ist, Verena Enzler wurde durch ihn neu motiviert. Die Beraterin empfahl ihr, sich bei der Frauenzentrale zu melden. Dort erfuhr Verena Enzler von der geplanten Patientenberatungsstelle. Nach und nach kam das Vertrauen zur Kirche zurück. «Ich habe die Gabe, annehmen zu können.» Diese Gabe hatte ihr auch schon vor der Krankheit ihres Mannes geholfen, als sie sich mit einem anderen familiären Problem befassen musste: Ihr Sohn litt unter dem Aufmerksamkeitsdefizitsyndrom ADS. Eine Tatsache, die dazu führte, dass Eltern ihre Kinder oft nur ungern zur Familie Enzler mit dem so «mühsamen» Sohn brachten. Die vertiefte Auseinandersetzung mit diesem Krankheitssyndrom ist mitverantwortlich dafür, dass Verena Enzler wenig auf «das Geschnörr» anderer Leute gibt. Sie vertraut auf sich selbst; auch wenn sie überzeugt ist, dass das Leben nicht allein durch sie bestimmt wird.

Heute hat Verena Enzler ihr Leben wieder fest im Griff. Sie führt in einem 30 %-Pensum die Patientenberatungsstelle Aargau/Solothurn. Dank einem Leistungsvertrag mit dem Kanton Aargau kam 2005 ein Projekt hinzu, die Leitung der Ombudsstelle für betreute ältere Menschen Kanton Aargau. Einen grossen Teil ihrer Kapazität setzt Verena Enzler aber für die Kirche ein. Nachdem sie von 2002 bis 2005 Synodepräsidentin gewesen war, stellte sie sich als Synodalratspräsidentin der Evangelischreformierten Kirche des Kantons Solothurn zur Wahl. Noch zwei weitere Kandidaten und eine Kandidatin interessierten sich für das Amt. Aber Verena Enzler setzte sich durch: «Nicht nur wegen meiner fachlichen Kompetenz, sondern vor allem auch wegen meiner Art. Ich habe als Synodepräsidentin gemerkt, dass ich die Leute für mich gewinnen kann. Und dann wussten sie ja auch, wen sie mit mir wählen würden.»

Als Synodalratspräsidentin des Kantons Solothurn hat sie es mit einer ganz speziellen Situation zu tun. Denn die Kirchgemeinden des oberen Kantonsteils Solothurn/Wasseramt gehören nicht etwa zum Kanton Solothurn, sondern zum Kanton Bern. Zwar gab es Bemühungen, dies zu ändern. Aber erfolglos. Verena Enzler hat nicht vor, diesbezüglich einen weiteren Vorstoss zu lancieren. Sie verfolgt andere Ziele: «Die Kirche befindet sich in einer Umbruchzeit. Wir müssen sie in Zeiten der Unsicherheit neu positionieren.» Die Menschen wieder näher an die Kirche zu führen, sei kein leichtes Unterfangen. «Erst recht nicht im Kanton Solothurn», sagt Verena Enzler. Nicht von ungefähr beginne das Solothurner Lied mit den Worten «S'isch immer so gsii». Die Abneigung gegenüber Veränderungen und die enorme Konkurrenz durch immer mehr sektenähnliche Gruppierungen in der Schweiz mache es schwierig, die Menschen von der Neupositionierung der Kirche zu überzeugen.

Verena Enzler hat sich vorgenommen, Überzeugungsarbeit zu leisten, indem sie alle Kirchgemeinden des Kantons besucht. Bei insgesamt 33'000 Protestanten kein bescheidener Vorsatz. Aber er entspricht ihrer Art als offener, direkter Person, die sich vor Auseinandersetzungen nicht scheut. Auch kämen ihre Besuche sehr gut an: «Wenn sie merken, dass eine Exekutivfrau offen und ehrlich an ihren Anliegen interessiert ist, ist die Hemmschwelle mitzuteilen, ‹wo der Schuh drückt›, nicht so hoch.» Zugute kämen ihr dabei ihre eigene Lebenserfahrung und ihre Kopflastigkeit. «Natürlich ist mir die Gefühlsebene wichtig. Aber vieles läuft bei mir zuerst über den Kopf.»

Das hilft ihr auch in den Diskussionen mit amtlichen Stellen. Momentan finden diese Gespräche vor allem im Zusammenhang mit der Weiterführung des Religionsunterrichts in den Schulen statt. Dieser wird –

wie in anderen Kantonen – aus Spargründen zur Diskussion gestellt. «Eine grundfalsche Überlegung», ist Verena Enzler überzeugt. Gerade in der heutigen Gesellschaft, in der die Jugend nicht mehr bereit sei, sich zu engagieren, sei die Vermittlung der sich aus dem Evangelium ergebenden ethischen Verpflichtung unabdingbar. Bei ihren eigenen beiden Kindern ist ihr das gelungen. Und sie ist zuversichtlich, dass es ihr zusammen mit Gleichdenkenden auch in weiteren Kreisen gelingen wird.

Sie hofft, genug Zeit dafür zu haben. Ihr Vorgänger war 12 Jahre im Amt. Verena Enzler denkt an mindestens eine weitere vierjährige Amtsperiode. Die ersten beiden Jahre seien Aufbauarbeit, sich vertraut machen mit Strukturen und kirchlichen Abläufen. Danach kann vermehrt auch inhaltliche Arbeit geleistet werden. «Im Sinne des Evangeliums und im Sinne einer Kirche, die sich gegenüber der Konkurrenz durchzusetzen vermag.» Man könne heute froh sein, wenn sich die Kirchenein- und -austritte in etwa die Waage hielten. Zufrieden geben dürfe man sich damit nicht.

Frauen und Spiritualität in der kirchlichen Leitung

Die Gleichstellung der Frau in leitenden Positionen der protestantischen Kirchen. Eine globale Perspektive

Hella Hoppe / Anne Walder

1. Einleitung und Methodik

«Wo Macht ist, fehlen die Frauen. Ob in Regierungen, in internationalen Organisationen, in der Privatwirtschaft oder in NGOs: Frauen sind zwar im Vormarsch und übernehmen zunehmend die verschiedensten Aufgaben. In Spitzenpositionen jedoch schaffen sie es nur selten.»
Micheline Calmy-Rey, Bundesrätin der Schweiz am Open Forum Davos 2006

Frauen an die Spitzen der Macht! Diese Forderung wird von Frauen – und gelegentlich auch von Männern – nicht nur an Politik und Wirtschaft, sondern auch an kirchliche Institutionen gestellt. Hintergrund dieser Forderung ist die in vielen Ländern klaffende Lücke zwischen dem politischen und rechtlichen Anspruch von Frauen, in allen Lebens- und Arbeitsbereichen gleichgestellt zu sein, und der Realität, in der Frauen nur sehr selten an die Spitzen der Macht gelangen. In diesem Beitrag wird der Frage nachgegangen, wie es um die Gleichstellung der Frau in Leitungspositionen von Institutionen der protestantischen Kirchen steht. Die vorliegende Analyse ist international sowie ausschliesslich sozialwissenschaftlich ausgerichtet.

Vor dem Hintergrund, dass nur in wenigen Ländern nach Frauen und Männern differenzierte Statistiken in kirchlichen Institutionen erhoben und veröffentlicht werden, müssen die Ausführungen zwangsläufig exemplarisch und lückenhaft bleiben. Für eine umfassende Bewertung wären zudem die länderspezifischen historischen und kulturellen Kontexte sowie die gesamtgesellschaftliche Situation der Frau zu berücksichtigen. Diese können in der vorliegenden Studie angesprochen, jedoch nicht im Einzelfall vertieft werden. Auch wären in zukünftigen Studien die verschiedenen Ausprägungen der Frauenordination sowie deren länderspezifisch unterschiedliche Relevanz beim Zugang zu kirchlichen Ämtern im Detail zu diskutieren.[1]

Ziel des vorliegenden Artikels ist es, mit ausgewählten Beispielen die Situation von Frauen in Leitungspositionen protestantischer Kirchen zu verdeutlichen. Das methodische Vorgehen bestand – aufgrund der unzureichenden Quellenlage – darin, dass Anfragen an ausgewählte Expertinnen und Experten gerichtet und deren Antworten ausgewertet wurden.[2] Für die Länder, in denen Daten verfügbar waren, werden diese eingebracht. Für andere können nur allgemeine Einschätzungen formuliert werden. Die Rückmeldungen auf unsere Anfragen in allen Teilen der Welt zeigen dabei deutlich, dass hinsichtlich dieser Frage enormer Forschungs- und noch grösserer Handlungsbedarf besteht.[3]

---

[1] Vgl. hierzu die Bibliographie von Wolfgang Lienemann zur Frauenordination: http://www.theology.de/download/frauenordination.pdf; oder die International Association of Women Ministers (www.womenministers.org).

[2] Die Autorinnen danken Baffour Amoa, Evangeline Anderson, Nancy Carrasco Paredes, Meehyun Chung, Juliette Davaine, Josefina Hurtado, Sharon Rose Joy Ruiz-Duremdes, Martin Junge, Stephen Kendall, Liza Lamis, Jesse Mugambi, Setri Nyomi, Nyambura Njoroge, Patricia Sheerattan-Bisnauth, Cora Tabing-Reyes, Evelyn Tiercet, Heike Walz sowie zahlreichen weiteren Personen für ihre fundierten Einschätzungen und Rückmeldungen.

[3] Zur Frage, wie verschiedene religiöse Traditionen auf die Forderung nach einer Gleichberechtigung von Frauen reagieren, vgl. das Schwerpunktheft: «La Religion. Frein à l'égalité hommes/femmes?», Archives de Sciences Sociales des Religions 95, 41. Jg., juillet-septembre 1996, u.a. mit Beiträgen von Roland Campiche.

2. Frauen in kirchlichen Leitungspositionen in verschiedenen Regionen der Welt

2.1 Afrika

Die Frage von Frauen in Leitungspositionen in den protestantischen Kirchen Afrikas ist eng mit dem ekklesiologischen[4] Selbstverständnis der einzelnen Denominationen verbunden. Demnach obliegen sowohl die exekutiven als auch die legislativen Leitungspositionen in vielen Denominationen Afrikas und anderen Teilen der Welt ordinierten Geistlichen. Daraus folgt, dass die Frage der Gleichstellung der Frau in kirchlichen Leitungspositionen eng mit der Frage von Frauenordination verbunden ist (siehe Kasten «Frauenordination»).[5]

Frauenordination
Der Reformierte Weltbund (RWB) hat für die Jahre 1993 bis 1999 eine Umfrage zum Thema Frauenordination durchgeführt. Diese Umfrage ergab, dass etwa 64 % der RWB-Mitgliedkirchen der Frauenordination zugestimmt haben und diese durchführen. In 27 % der Mitgliedkirchen werden Frauen nicht ordiniert, zu etwa 8 % der RWB-Mitgliedkirchen liegen keine Angaben vor.
Die RWB-Studie wurde 2003 aktualisiert. Demnach werden in 153 Kirchen Frauen ordiniert (71 %), 48 erlauben keine Frauenordination (22 %) und für 16 Mitgliedkirchen (7 %) liegen keine Ergebnisse vor.
Diese Statistiken sind jedoch nur Trendangaben. Detaillierte Statistiken wären beispielsweise notwendig, um die Aussagen mit den Mitgliederzahlen der einzelnen RWB-Mitgliedkirchen gewichten zu können.
Indem Frauen häufig von der Ordination ausgeschlossen sind, bleibt ihnen vielerorts auch der Zugang zu Leitungspositionen verschlossen. Neben patriarchalisch geprägten gesamtgesellschaftlichen Wertvorstellungen (vgl. Kapitel 2.2) ist die Frage der Frauenordination eines der zentralen Hindernisse beim Zugang von Frauen zu kirchlichen Leitungspositionen. Der RWB initiierte deshalb im Jahr 1992 das «Programm zur Stärkung, Herausforde-

---

4   Ekklesiologisch: die Kirche (Ekklesia) betreffend. Ekklesia, aus dem Griechischen: die Herausgerufenen.

5   Vgl. MacMaster, Llewellyn: Women and men in church leadership in Africa today, in: Partnership in God's mission. In Africa today, hrsg. v. WARC (Studies from the WARC 28), 1994, 50f.

rung, und Umwandlung: Partnerschaft von Frauen und Männern in Kirche und Gesellschaft» (PACT). Im Rahmen dieses Programms werden regionale Konsultationen durchgeführt, insbesondere zum Thema «Frauen und Männer in kirchlichen Leitungsfunktionen».

Die Ergebnisse dieser Konsultationen fallen trotz unterschiedlicher gesellschaftlicher Kontexte ähnlich aus. In Kenia wurde beispielsweise darauf hingewiesen, dass auch innerhalb einer Region grosse länderspezifische Unterschiede zu beobachten sind. In Edinburgh wurde darauf hingewiesen, dass die umfassende Gleichstellung der Frau in der Kirche, insbesondere in Leitungspositionen einen «processus confessionis» (zentrale Frage im Range eines Glaubensbekenntnisses) darstelle. In Indien wurde die Gleichstellung der Frauen in kirchlichen Leitungspositionen im Kontext religiöser und kultureller Diversität diskutiert. In den USA zeigte die Konsultation, dass die Ordinationsmöglichkeit nicht automatisch dazu geführt hat, dass Frauen in den Leitungspositionen gleichberechtigt sind. Die Konsultation in den Niederlanden fragte danach, inwieweit die Ordination von Frauen tatsächlich inhaltliche Neuerungen zur Folge hatte.[6]

Isabel Phiri, Professorin für Afrikanische Theologie an der Schule für Theologie und Religion der Universität KwaZulu-Natal, Südafrika, weist darauf hin, dass «Leitung» oder «Führung» in traditionellen Kirchen in Afrika weniger strukturell oder hierarchisch definiert und verstanden wird als in westeuropäischen und nordamerikanischen Kirchen.[7] Der

---

[6]   Vgl. insgesamt Sheerattan-Bisnauth, Patricia: Creating a vision for partnership of women and men. Evaluation report of regional workshops on gender awareness and leadership development, Genf 2003; WARC: Women in church leadership. Report of workshop held at the Ecumenical Institute, Bossey, Geneva/Switzerland, 8–15 June 1986; WARC: The ordination of women in WARC member churches, in: Reformed World 49/1, March-June 1999, 1–18.

[7]   Traditional women leaders. Research project by Isabel Phiri and Lindiwi Mkasi (http://www.sorat.ukzn.ac.za/sinomlando/Women%20traditional%20leaders.htm).

Einflussbereich von Frauen kann deshalb nicht ausschliesslich von ihrer Präsenz in den oberen Hierarchien abgeleitet werden.[8]

Trotz verschiedener Anfragen an kirchliche Institutionen liegen für Afrika keine vergleichenden Zahlen zur Gleichstellung von Frauen in Leitungspositionen vor. Auch das Einbringen der Anfrage in ein Treffen des Gebietsausschuss West- und Zentralafrika des Reformierten Weltbundes im Mai 2006 führte zu keinen Ergebnissen. Wie in vielen anderen Ländern verdeutlicht diese «Lücke» exemplarisch den erheblichen Forschungsbedarf zur Frage von Frauen in kirchlichen Leitungspositionen.

Für weitere Analysen wäre die grundsätzliche Unterscheidung in drei Typen von Kirchen sinnvoll:

a) Kirchen, die von Europa und Nord-Amerika über Missionare in Afrika gebildet wurden;

b) afrikanisch initiierte Kirchen (AICs), die eine Reaktion auf die oben genannten Missionskirchen waren;

c) charismatische Bewegungen und Pfingstkirchen, die insbesondere seit den 1980er Jahren und bis heute von jüngeren afrikanischen Evangelisten gegründet werden.

Gemäss der Einschätzung von Jesse Mugambi, Direktor des Programms für Ethik in Ostafrika (PEEA) und Professor an der Universität von Nairobi, sind in Kirchen der Kategorie a) fast keine Frauen in kirchlichen Leitungspositionen vertreten. Dies liege an den aus dem nordatlantischen Raum stammenden patriarchalischen Vermächtnissen und Wertvorstellungen dieser Denominationen. Diese Aussage deckt sich mit Erfahrungen beispielsweise auf den Philippinen, wo Missionskirchen ebenfalls zu einer Verschärfung von bereits bestehenden Ungleichheiten geführt haben (siehe Kapitel 2.2).

Kirchen der Kategorie b), zum Beispiel die Aladura Churches in Nigeria, wurden teilweise von Frauen gegründet und werden von Frauen und Männern oftmals gleichberechtigt geführt. Ob Frauen in afrikanisch initiierten Kirchen jedoch tatsächlich mehr «leadership» als in Kirchen westlichen Ursprungs zugesprochen wird, ist umstritten. Mercy Amba

---

[8] Vgl. beispielsweise Phiri, Isabel/Govinden, Betty/Nadar, Sarojini (Hrsg.): Her-stories. Hidden histories of Women of faith in Africa, Pietermaritzburg 2002.

Oduyoye, ehemalige stellvertretende Generalsekretärin des ÖRK und Mitbegründerin des Circle of Concerned African Women Theologians, steht dieser Frage eher skeptisch gegenüber und moniert, dass klassische Rollenverständnisse auch in diesen Kirchen beibehalten werden.[9]

Bei Kirchen der Kategorie c) lässt sich beobachten, dass diese eine vergleichsweise hohe Repräsentanz von Frauen auf verschiedenen Ebenen aufweisen. In Kenia beispielsweise wurden drei der grössten Kirchen von Frauen gegründet bzw. werden noch geleitet. Dabei handelt es sich um die Kirchen Akatsa, Wanjiru und Wairimu.

Auf die Frage, wie der kirchenpolitische Einflussbereich von Theologinnen in afrikanischen Kirchen gestärkt werden kann, verweist Nyambura Njoroge, Referentin für Bildungsarbeit und ökumenische Ausbildung beim ÖRK, auf den o.g. Circle of Concerned African Women Theologians, dessen Ziel es ist, eine Plattform für Theologinnen zu bieten. Ein Forum, auf welchem diskutiert, geschrieben, geforscht und veröffentlicht werden kann. Der kollaborative Charakter dieses Netzwerkes sowie dessen Resultate im Bereich der feministischen Theologie schaffen eine wichtige Grundlage für mehr Einflussnahme durch afrikanische Theologinnen insbesondere in Leitungspositionen: «We in the Circle must hammer the fact that we cannot be effective, empowering, and responsible leaders without the right skills, tools, and resources.»[10]

2.2 Asien

Für Asien liegen ausgewählte vergleichende Daten und Statistiken vor. So ist nach Angaben des Executive Secretary for Ecumenical Formation, Gender Justice and Youth Empowerment der Christian Conference of

---

[9] Vgl. Monohan, Bridget Marie: Writing, Sharing, Doing. The Circle of Concerned African Women Theologians, Boston 2004, 43 (http://dissertations. bc.edu/cgi/viewcontent.cgi?article=1047&context=ashonors).

[10] «Für uns in diesem Kreis ist die Tatsache unumgänglich, dass wir keine macht- und verantwortungsvollen Führungspersönlichkeiten sein können, ohne die angemessenen Fähigkeiten, Werkzeuge und Ressourcen.» Vgl. Njoroge, Nyambura J.: A New Way of Facilitating Leadership. Lessons from African Women Theologians, in: Missiology: An International Review, vol. XXXIII/1, January 2005, 29–46.

Asia (CCA) in den 50 Mitgliedkirchen der CCA in Südostasien nur eine Frau in einer Leitungsfunktion auf exekutiver Ebene aktiv (siehe Tabelle 1). Es handelt sich dabei um die Vorsitzende der Pasundan Christian Church in Bandung, Indonesien.

Tabelle 1: Frauenanteil in Leitungsfunktion auf exekutiver Ebene des CCA

Land	Anzahl der CCA Mitgliedkirchen dieses Landes in Südostasien	Anzahl der Frauen in Leitungsposition (Exekutive) auf nationaler Ebene	Bezeichnung der der Position	Name der Mitgliedkirche und der Frau in Leitungsposition
Indonesien	30	1	Ketua (Vorsitz/ Chairperson, Vollzeitstelle)	Pasundan Christian Church in Bandung Rev. Chita R. Bain
Laos	1	-		
Malaysia	3	-		
Myanmar	7	-		
Philippinen	7	-		
Thailand	1	-		
Timor Leste	1	-		
Total	**50**	**1**		

Quelle: CCA Directory 2006

Hinsichtlich der Nationalen Kirchen- und Christenräte (Member Councils) des CCA lässt sich die Gleichstellung der Frau in Leitungspositionen als ähnlich unzureichend bezeichnen. So ist in den insgesamt 15 Nationalen Kirchen- und Christenräten lediglich eine Frau in der Position als Generalsekretärin vertreten (siehe Tabelle 2).

Tabelle 2: Frauenanteil auf der Ebene des Generalsekretariats im CCA

Anzahl der Nationalen Kirchen- und Christenräte im CCA[11]	Anzahl der Nationalen Kirchen- und Christenräte in Südost-asien	Anzahl der Frauen in Leitungs-position (exe-kutive, natio-nale Ebene)	Position	Name des Landes und der Frau in Leitungs-position
15	5	1	General-sekretärin	Philippinen Ms. Sharon Rose Joy Ruiz-Duremdes

Quelle: CCA Directory 2006

Innerhalb der Organisation CCA selbst liegt der Frauenanteil deutlich höher: 10 der 25 Mitglieder des Generalkomitees und 5 der 11 Mitglieder des Exekutivausschusses sind Frauen (siehe Tabelle 3). Hier fällt jedoch auf, dass oft junge Frauen in diese Gremien gewählt werden. Diese Häufung ist möglicherweise damit zu erklären, dass Frauen eine doppelte Funktion zugeordnet wird. Das hiesse, dass sie in diesen Gremien sowohl den Faktor «Alter» als auch «Gender» abdecken.

---

[11] Hierzu gehören: Conference of Churches in Aotearoa-New Zealand, Te Runanga Whakawhanaunga I Nga Hahi O Aotearoa, National Council of Churches in Australia, Bangladesh National Council of Churches, Hong Kong Christian Council, National Council of Churches in India, Communion of Churches in Indonesia, National Christian Council in Japan, Kampuchea Christian Council, National Council of Churches in Korea, Council of Churches of Malaysia, Myanmar Council of Churches, National Council of Churches of Nepal, National Council of Churches in Pakistan, National Council of Churches in the Philippines, National Christian Council of Sri Lanka, National Council of Churches of Taiwan.

Tabelle 3: Frauenanteil in der Organisation CCA

Struktur des CCA	Anzahl der Mitglieder	Anzahl der Frauen	Anzahl der Frauen in Südostasien	Bemerkungen
Generalkomitee*	25	10 (5 junge Frauen)	3 (1 junge Frau)	Die Verfassung des CCA sieht eine Gleichstellung von Frauen und Männern in den CCA Strukturen und Inhalten in ihren Statuten vor.
Exekutivkomitee*	11	5 (2 junge Frauen)	1	
Komitees der drei Programmbereiche*	37	17 (4 junge Frauen)	9 (4 junge Frauen)	
Executive Staff	8	3	2	
Total	**81**	**35**	**15**	

* 2005–2010

Quelle: CCA Directory 2006

Ergänzend sei erwähnt, dass die Exekutiv-Direktorin der Gesellschaft für theologische Bildung in Südostasien (Association for Theological Education in South East Asia, ATESEA) eine Frau ist.

Trotz der Ökumenischen Dekade des ÖRK «Kirchen in Solidarität mit den Frauen» (1988 bis 1998) haben Frauen in Asien und speziell in Südostasien wenig Zugang zu kirchlichen Leitungspositionen gefunden. Vielmehr gibt es zahlreiche Beispiele, die zeigen, dass Frauen trotz hoher Qualifikation und Engagement für die Kirche die Ordination und/oder eine Leitungsposition verwehrt werden. In Myanmar beispielsweise wurde Anna May Chain, eine bekannte feministische Theologin und Dozentin am Myanmar Institute of Theology, von der Myanmar Baptist Convention nicht ordiniert. Ein anderes Beispiel ist Elizabeth Tapia, Mitglied der Methodistischen Kirche der Philippinen, die sich für das Bischofsamt beworben hat, aber trotz hoher Qualifikation nicht erfolgreich war.

Als hauptsächliche Gründe für die fehlende Repräsentanz von Frauen in Leitungspositionen kirchlicher Institutionen in Südostasien werden vom CCA-Sekretariat die folgenden Aspekte genannt:

- Patriarchalische Wertvorstellungen und genderspezifische Rollenverständnisse sind fester Bestandteil der Sozialisation und Kultur in vielen Regionen Asiens, speziell in Südostasien. Dies spiegelt sich in den kirchlichen Strukturen wider. Studien zeigen, dass das patriarchalische Rollenverständnis innerhalb der Familie oftmals direkt auf gesamtgesellschaftliche Strukturen übertragen wird.[12]
- In Kirchen selbst dominieren häufig patriarchalisch ausgerichtete Lektüren, Predigten, Liturgien, Hymnen. Diese festigen bestehende Wertvorstellungen. Gleiches gilt für die kirchlichen Strukturen, welche durch hierarchische Strukturen geprägt sind, in denen Männer dominieren und Frauen marginalisiert werden. Zudem wird die Leitungsverantwortung von Männern oftmals nach patriarchalischen Verhaltensmustern ausgeübt.
- Es fehlen Ressourcen für die Aus- und Weiterbildung von Frauen insbesondere zur Vorbereitung für Leitungspositionen.
- Die durch die Globalisierung verursachte, stark zunehmende Verunsicherung und Informalisierung von Arbeits- und Lebensverhältnissen in Südostasien haben gravierende negative Auswirkungen auf Frauen. Deren Gleichstellung wird durch solche sozioökonomischen Entwicklungen erschwert.

Um den Zugang von Frauen in Leitungspositionen zu erleichtern, haben Kirchen in Asien verschiedene Programme und Instrumente ins Leben gerufen. So hat die CCA ein Programm zur Gleichstellung von Frauen in Leitungspositionen lanciert. In vielen dieser Programme ist die Bekämpfung von Gewalt ein wichtiger Bestandteil. Nach Einschätzung der Koordinatorin des Women's Desk des National Council of Churches auf

---

[12] Vgl. auch Kim, Un Heyé: Family leadership and feminist leadership as the feminist Theological Alternative. From the perspective of a Korean Christian woman Salimist, unveröffentlichtes Dokument, vorgestellt auf der Jahreskonferenz von «Globethics», Bangkok 2005. Camba, Erme R.: Women and men in church leadership, in: Semper Reformada, Studies from the WARC 31, 1996, 7.

den *Philippinen* ist Gewalt gegen Frauen das zentrale Hindernis für ihre Gleichstellung. Erst wenn Frauen ein sicheres und selbstbestimmtes Leben führen können und patriarchalische Wertstrukturen nicht über eine vermeintlich christliche Theologie gefestigt werden, erhalten Frauen die Chance, Leitungspositionen in der Gesellschaft und in den Kirchen zu übernehmen.

Um das hierfür notwendige Empowerment von Frauen zu erhöhen und ihre Gleichstellung in allen Lebens- und Arbeitsbereichen zu fördern, hat der National Council of Churches der Philippinen ein spezielles ökumenisches Programm für Frauen in Kirchen initiiert. In der Begründung dieses Projektes wird u.a. darauf hingewiesen, dass die verschiedenen gesellschaftlichen Diskriminierungen von Frauen und derer politischer, ökonomischer und gesellschaftlicher Ausschluss auf den Philippinen eine lange Tradition haben, jedoch durch die verschiedenen Kolonial- bzw. Besatzungsmächte deutlich verschärft wurden.

Nach Einschätzung von Sharon Rose Joy Ruiz-Duremdes, Generalsekretärin des Nationalen Kirchenrats der Philippinen, zeichnet sich ein feministischer Führungsstil insbesondere durch fünf Merkmale aus: 1. durch einen integrativen Charakter, die Pflege menschlicher Bindungen, 2. durch Teilen und Konsensorientiertheit, 3. durch Gegenseitigkeit und flache Hierarchien, 4. durch Subjektivität, die auch Emotionen und Mitgefühl zulässt, 5. durch Kreativität und den Mut zu neuen Ansätzen. Sie selbst sei in der Lage, diesen feministischen Führungsstil umzusetzen und kirchenpolitischen Spielraum im Sinne einer Stärkung von Frauen zu vergrössern, jedoch nur, betont sie, mit Unterstützung der stark sichtbaren Frauenbewegung im Nationalen Kirchenrat der Philippinen.

Als grösste Barriere für eine Gleichstellung der Frau in kirchlichen Leitungspositionen wird auch von Sharon Rose Joy Ruiz das tief verwurzelte Patriarchat genannt. Selbst wenn feministische Ansätze oberflächlich akzeptiert würden, ändere sich an den Strukturen und Inhalten oftmals wenig. So werden unter dem Titel «Feminismus» Frauen in Gremien gewählt, die möglicherweise nicht die optimale Besetzung im Sinne einer Stärkung von Frauen sind. («They [male leaders] put in any woman and for many women, this is even disempowering.») Als weitere Hürde wird die Uneinigkeit der säkularen und kirchlichen Frauenbewegung auf den Philippinen genannt.

Die Entwicklung der protestantischen Kirche in *Südkorea* ist in einem engen Zusammenhang mit dem Einfluss von Kolonialmächten und Missionszeiten zu bewerten. Die Aufspaltung in verschiedene Denominationen ist ein Resultat der seit 1884 ins Land strömenden westlichen Missionare – insbesondere der Presbyterianer, Methodisten und Baptisten. Der Grossteil der Missionare vertrat fundamentalistische Überzeugungen, die zusammen mit der in Korea vorherrschenden konfuzianischen Weltanschauung die Unterdrückung und Diskriminierung von Frauen verstärkte.[13]

Trotz ihrer Unterdrückung spielten Frauen im koreanischen Frühchristentum wie bei der Gründung der protestantischen Kirche in Korea eine zentrale Rolle. Beispielhaft war die Hingabe koreanischer Christinnen, der sogenannten «Bibel-Frauen».[14] Gleichzeitig stärkten die Frauen ihr Selbstbewusstsein und ihre Selbstbestimmung durch Gospel und ausgewählte Bibellektüre.

In kirchlichen Strukturen wurden Frauen jedoch marginalisiert, Männer übernahmen Leitungspositionen. Bis heute sind Frauen in Leitungspositionen nicht gleichgestellt – trotz einer allgemeinen Stärkung von Frauenorganisationen, zum Beispiel der grossen und einflussreichen National Organization of the Korea Presbyterian Women. Ähnlich sieht es auch an den theologischen Fakultäten aus. Auch hier gibt es nur wenige Frauen und falls, vertreten diese oft keine feministischen Ansätze.

Die fehlende Zulassung der Frauenordination spielt auch in Südkorea eine wichtige Rolle bei der Gleichstellung der Frau in kirchlichen Institutionen.[15] Erst aufgrund des Engagements feministischer Theologinnen wurden patriarchalische Strukturen durchbrochen. So werden seit 1995 Frauen in der grössten Presbyterianischen Kirche ordiniert (Presbyterian Church of Korea, PCK, Tonghap). Seit 2001 gilt dies ebenfalls für die Anglikanische Kirche. Fortschrittlicher zeigen sich eine kleinere methodistische Kirche, die bereits 1955 eine Pfarrerin zugelassen hat, sowie die Presbyterian Church in the Republic of Korea (PROK, Kijang), welche

---

[13] Vgl. Sa, Mija: Women in the Korean Church. A historical survey, in: Reformed world, vol. 45/1–2, March-June 1995, 1–10; Chung, Meehyun: Introducing Korean Feminist Theology, in: Chung, Meehyun (Hrsg.): Breaking Silence. Theology from Asian Women, India: ISPCK 2006, 77–89.

[14] Vgl. ebd.

[15] Vgl. Sa, Mija: Women in the Korean Church, 1–10; Chung, Meehyun: Introducing Korean Feminist Theology, 77–89.

Frauen seit Jahrzehnten ordiniert.[16] Im Mai 2006 verzeichnet die Presbyterian Church of Korea 560 Pfarrerinnen und 260 Frauen im «Ältesten-Amt», während die Presbyterian Church in the Republic of Korea 169 Pfarrerinnen und 252 Frauen im «Ältesten-Amt» zählt.

In *Indien* sind Frauen in politischen Leitungspositionen teilweise sehr prominent vertreten. Von den insgesamt 28 Bundesstaaten werden 3 von Frauen regiert. International vergleichbare Indikatoren zur Gleichstellung der Frauen in Indien fallen jedoch ungünstig aus.[17] So besteht noch eine erhebliche Diskriminierung der Mädchen beim Zugang zu Bildung. Die Situation von Frauen in Indien ist gesamtgesellschaftlich als widersprüchlich zu bewerten.

In den protestantischen Kirchen in Indien[18] sind Frauen in Leitungspositionen kaum vertreten.[19] Es werden vor allem zwei genannt: Zum einen die Generalsekretärin der Synode der Church of South India, Pauline Sathiamurthy, zum anderen die – kürzlich verstorbene – Präsidentin des National Council of Churches in India, Prasanna Kumari Samuel. Abgesehen von diesen Einzelfällen präsidieren die Frauen der Bischöfe in der Regel die verschiedenen Frauengruppen («women's fellowships») in den Diözesen und regionalen Räten. Auch hier existieren Ausnahmen: So obliegt die Leitung der Frauengruppe in der «Mar Thoma»-Kirche ebenfalls einem Mann.

---

16   Es liegen unterschiedliche Angaben vor, wann die erste Frau ordiniert wurde: 1974 oder 1977. Vgl. zur einer allgemeinen Einschätzung auch van Beek, Huibert: A Handbook of Churches and Councils. Profiles of Ecumenical Relationships, Genf 2006, 286f.

17   Vgl. beispielsweise die verschiedenen Indikatoren des Human Development Reports von UNDP.

18   In Indien zählen etwa drei bis sechs Prozent der Gläubigen zum Christentum; davon sind etwa 35 % Protestanten (ca. 19'565'000 Personen).

19   Vgl. Anderson-Rajkumar, Evangeline: Engendering Leadership. A Christian feminist Perspective from India, in: Stückelberger, Christoph/Mugambi, J. N. K. (Hrsg.): Responsible Leadership. Global Perspectives, Nairobi 2005, 126–135.

2.3 Europa

Auf der Basis der verfügbaren Statistiken kann der Frauenanteil in der *Eglise réformée de France* (ERF) als verhältnismässig hoch bewertet werden. Auf nationaler Ebene der ERF sind im Synodalrat (conseil national) 7 der 20 Mitglieder Frauen, während es in der Nationalsynode (synode national) 54 von 150 Mitgliedern sind. Die Stellen der thematischen Beauftragten des ERF (coordinations nationales) werden zu 50 % mit Frauen besetzt. Neben einem hohen Frauenanteil ist für die Frage von Frauen in Leitungspositionen die «Commission des ministères» wichtig, eine Kommission mit zentraler Entscheidungskompetenz über die Auswahl zukünftiger Amtsträgerinnen und -träger der ERF. Hier sind 4 der 10 Kommissionsmitglieder Frauen. Unter den 8 Vorsitzenden der Regionalräte (conseils régionaux) in den Regionen der ERF befindet sich nur 1 Frau. Diese «présidents de région» haben einen starken Einfluss auf Stellenbesetzungen in den Gemeinden und Regionen.

Auf regionaler Ebene sollen exemplarisch zwei Regionen der ERF vorgestellt werden. Die Region Provence-Côte d'Azur-Corse zeichnet sich insbesondere durch Tourismus, die Ansiedlung neuer Firmen und Forschungseinrichtungen sowie einen relativ hohen Anteil gut situierter, gebildeter Senioren aus. In der reformierten Kirche dieser Region werden 12 der 26 Kirchgemeinden von Frauen präsidiert (associations cultuelles). Zudem sind 146 der insgesamt 275 Vorsitzenden der Presbyterien Frauen (président-e ou vice-président-e de conseils presbytéraux). Das höchste Gremium der Region, der conseil régional, umfasst 14 Personen, 4 von ihnen sind Frauen.

Die reformierte Kirche der Region Centre-Alpes-Rhône ist die grösste Region der ERF und gleichzeitig repräsentativ für die gesamtfranzösische Situation. Die Region umfasst sowohl die traditionellen reformierten Konfessionsgebiete als auch Diasporagemeinden, zum Beispiel in den grosstädtischen Agglomerationen von Lyon oder Grenoble. Die Position des Präsidiums im conseil régional obliegt einem Mann, eine der Stellvertretungen hält eine Frau inne. Im Regionalrat sind 3 der 9 Mitglieder Frauen. Ein Blick auf die 108 Vorsitzenden der Presbyterien zeigt, dass dort 44 Frauen Einsitz nehmen.[20]

Um die Frage der Gleichstellung von Frauen in Leitungspositionen in den *Evangelischen Kirchen Deutschlands* zu beantworten, kann auf die statistischen Erhebungen der Evangelischen Kirche in Deutschland (EKD) mit Stand vom Mai 2004 zurückgegriffen werden.[21] Hier werden drei Ebenen der Kirchenleitungen unterschieden:
1. Synode,
2. Organe der Kirchenleitungen in den einzelnen Landeskirchen,
3. Leitungsgremien der Kirchenverwaltung.

Auf der Ebene der *Synoden* liegt der Frauenanteil bei durchschnittlich 35,3 %. Insgesamt 885 der 2508 Synodalen sind Frauen. Je nach Gliedkirche ergeben sich jedoch grosse Unterschiede. Während die Landeskirchen in Bremen, Hannover und Württemberg einen Frauenanteil von knapp unter 45 % aufweisen, liegen die Zahlen in Thüringen und Anhalt deutlich unter 25 %.[22]

Bei den *Kirchenleitungen und geistlichen Ämtern* liegt der durchschnittliche Frauenanteil mit 27,1 % tiefer. 1993 lag der Anteil noch bei lediglich 18,9 %. Auch hier zeigen sich regional grosse Unterschiede. In Bayern und der Pfalz liegt der Frauenanteil bei etwa 15 %, in der Schlesischen Oberlausitz und Thüringen bei 10 % bzw. 12,5 %. In Bremen und Berlin-Brandenburg sind Frauen mit 46,2 % bzw. 36,8 % deutlich stärker vertreten. An der Spitze liegt Nordelbien: Hier stellen Frauen 61,5 % der Mitglieder der Kirchenleitungen und geistlichen Ämter. In diesem Zusammenhang sei erwähnt, dass es in Deutschland insgesamt 3 lutherische Bischöfinnen gibt: in Hamburg (Maria Jepsen), Hannover (Margot Käß-

---

20 Vgl. Mémento 2005–2006, Réveil, mensuel protestant réformé régional de l'Eglise réformée en Centre-Alpes-Rhône, supplément au no 366, septembre 2005.
21 Vgl. EKD: Mitglieder der Kirchenleitungen in den Gliedkirchen und den Gliedkirchlichen Zusammenschlüssen in der EKD im Jahr 2003. Korrigiertes Ergebnis, 2004, 1–8.
22 Vgl. ebd., 2–3.

mann) und Lübeck (Bärbel Wartenberg-Potter). Der Rat der EKD umfasst derzeit 15 Mitglieder, davon sind 7 Frauen.[23]

Der Frauenanteil in der *Leitung der Kirchenverwaltungen* hebt sich ungünstig ab. Zwar konnte der niedrige Wert von 8,3 % im Jahr 1993 gesteigert werden, lag aber 2003 immer noch auf dem niedrigen Niveau von 19,5 %. Auf dieser Ebene sind die regionalen Differenzen am grössten. Die Verwaltungen der Kirchen in Anhalt, Lippe, Mecklenburg und Schaumburg-Lippe verzeichnen keine Frau in ihren Leitungen. Auch in Baden (11,1 %), Kurhessen-Waldeck (7,7 %) und Sachsen (10 %) sind Frauen in Leitungspositionen deutlich unterrepräsentiert. Als positive Beispiele für Kirchenverwaltungen fungieren Bremen (50 %) und Nordelbien (40 %).[24]

Alle Angaben basieren auf Daten aus dem Jahr 2002/2003. Die Zahlenbasis für die Prozentangaben ist allerdings teilweise sehr gering, so dass bereits ein bis zwei personelle Änderungen das Gesamtbild stark verändern können.

Ein weiterer wichtiger Aspekt, den die Statistik nicht widerspiegelt, ist die *Ressortverteilung* innerhalb der Kirchenleitung. Selbst wenn Frauen eine Leitungsfunktion besetzen, werden «machtvolle» Ressorts wie Finanzen oder Justiz häufig von Männern besetzt, während Ökumene, Diakonie und Bildung den Frauen «zufallen». Selbst wenn eine zahlenmässige Gleichstellung in der Leitung erreicht werden kann, bedeutet dies nicht automatisch eine Gleichstellung in der Entscheidungskompetenz.

Am Beispiel von Deutschland lässt sich die Bedeutung der Gleichstellung von Frauen in kirchlichen Verbänden veranschaulichen. Diakonische Einrichtungen etwa bieten traditionellerweise eine grosse Angriffsfläche für Kritik aus Sicht der Gleichstellung. Sie zeichnen sich durch eine lange in den oberen Hierarchien stark von Männern dominierte Tradition aus. Etwa drei Viertel der haupt- und ehrenamtlichen Mitarbeitenden sind Frauen, die Professionellen eingestuft in niedrige Lohngruppen, während sie in Leitungspositionen kaum vertreten sind.[25]

---

[23] Vgl. ebd., 4–5.
[24] Vgl. ebd., 6–7.
[25] Vgl. Trommer, Heide: Gleichstellung in der Diakonie, hrsg. v. Diakonischen Werk der EKD, Berlin 2001, 1f; Diakonisches Werk der EKD (Hrsg.): Schritte auf dem Weg zu mehr Gerechtigkeit für Frauen und Männer. Gen-

Lediglich die Direktion der Aktion der kirchlichen Entwicklungszusammenarbeit «Brot für die Welt» sowie der Vorstandsbereich der Ökumenischen Diakonie im Diakonischen Werk der EKD sind mit einer Frau besetzt.

Auch als Reaktion auf die Ökumenische Dekade «Kirchen in Solidarität mit Frauen» wurde in der Hauptgeschäftsstelle des Diakonischen Werkes der EKD 1991 eine Gleichstellungsvereinbarung verabschiedet. Ein Meilenstein für die Gleichstellung der Frau in Leitungspositionen ist der Paragraph 4,2 in der neuen Satzung des Diakonischen Werkes der EKD vom Oktober 2004: «Die unterschiedlichen Lebenssituationen und Interessen der Geschlechter bei der Arbeit und innerhalb der Organisationen der Diakonie sind zu berücksichtigen.» Hintergrund dieses verstärkten Engagements ist die Erkenntnis, dass die Gleichstellung von Frauen sich nicht von selbst ergibt, sondern dass es hierzu bewusster Entscheidungen und Planungen bedarf.

Im Diakonischen Werk werden seit 1996 geschlechterdifferenzierte Daten erhoben, durch die gleichstellungsrelevante Fakten wie Lohnungleichheit aufgezeigt werden können. Die Gleichstellungsvereinbarung beinhaltet ausserdem spezifische Mentoring-Programme für Frauen. Zur Verbesserung der Vereinbarkeit von Beruf und Familie werden flexible Arbeitszeitregelungen angestrebt und familienbezogene Auszeiten sollen kein Karrierehindernis mehr darstellen.

Besonders hervorgehoben werden im Prozess der Hauptgeschäftsstelle des Diakonischen Werkes der EKD die konkreten Vorteile für kirchliche Institutionen, welche die Gleichstellung von Frauen aktiv fördern: Kirchliche Institutionen können damit ihre eigenen Wettbewerbschancen erhöhen sowie mit anderen Branchen vergleichbare Defizite, z.B. bei der Entlöhnung, ausgleichen. Damit verbunden sind ein deutlicher Imagegewinn, eine höhere Attraktivität als Arbeitgeber – und nicht zuletzt eine zufriedene Mitarbeiterschaft.

---

der Mainstreaming als Handlungsstrategie der Hauptgeschäftsstelle des Diakonischen Werkes der EKD, Berlin 2003, 1–7.

2.4 Nordamerika

Die Religionsvielfalt in den *USA* ist aufgrund der Immigrationsbewegungen des 19. und 20. Jahrhunderts in hohem Masse ausgeprägt. Diese Religionspluralität hat zu einigen positiven Auswirkungen auf die Gleichstellung von Frauen in kirchlichen Institutionen geführt. In den USA wurden bereits im 19. Jahrhundert die ersten Frauen ordiniert, u.a. Antoinette Brown im Jahr 1853. Im frühen 20. Jahrhundert haben Frauen dann in den USA erste Denominationen gegründet. Die Anzahl der Kirchen, die Frauenordinationen umsetzten, erhöhte sich nach dem Zweiten Weltkrieg massiv. Afroamerikanische Kirchen bildeten das Rückgrat der Bürgerrechtsbewegung in den 1920er Jahren, ein Aufbruch, bei dem Frauen eine zentrale Rolle spielten.

Ohne auf die Religionsvielschichtigkeit im Detail eingehen zu können,[26] soll anhand des Beispiels der USA ein weiterer Aspekt diskutiert werden: die *Verbindung der Kategorien Gender und Ethnie*. In der Unierten Methodistischen Kirche steigt beispielsweise der Frauenanteil der aktiven Bischöfinnen und Bischöfe, jedoch ist der Frauenanteil der «ethnischen»[27] Bischöfinnen weiterhin sehr gering (siehe Tabelle 4). In der Region Süd-Osten der Unierten Methodistischen Kirche sind drei der 13 Bischofsposten mit «weissen» Frauen besetzt und zwei der Posten mit «ethnischen» Männern. «Ethnische» Frauen sind hingegen nicht vertreten.

---

[26] Vgl. Wessinger, Catherine (Hrsg.): Religious Institutions and Women's Leadership. New Roles Inside the Mainstream, Columbia (South Carolina) 1996; McKenzie, Vashti: Not without a struggle. Leadership Development for African American Women in ministry, Cleveland (Ohio) 1996.

[27] Die politisch korrekte Übersetzung von «racial ethnic» in die deutsche Sprache ist schwierig, es sei an dieser Stelle provisorisch mit «ethnisch» übersetzt.

Tabelle 4: Frauenanteil in US-amerikanischen Colleges of Bishops der Unierten Methodistischen Kirche

2005–2008 Zusammensetzung der US-amerikanischen Colleges of Bishops der Unierten Methodistischen Kirche						
Region	Anzahl der aktiven Bischöfe	«weiss»		«ethnisch»		Anzahl Frauen total
		Männer	Frauen	Männer	Frauen	
Nord-Mitte	10	3	3	3	1	4
Nord-Osten	11	3	2	5	1	3
Süd-Mitte	11	6	2	3	0	2
Süd-Osten	13	8	3	2	0	3
Westen	6	1	1	2	2	3

2001–2004 Zusammensetzung der US-amerikanischen Colleges of Bishops der Unierten Methodistischen Kirche						
Region	Anzahl der aktiven Bischöfe	«weiss»		«ethnisch»		Anzahl Frauen total
		Männer	Frauen	Männer	Frauen	
Nord-Mitte	10	4	2	3	1	3
Nord-Osten	11	3	2	5	1	3
Süd-Mitte	11	6	2	3	0	2
Süd-Osten	13	9	1	3	0	1
Westen	6	2	1	2	1	2

Quelle: The General Commission on the Status and Role of Women (2006) Make-up of the U.S. Colleges of Bishops (http://www.gcsrw.org/research/COB.htm)

Das Programm «The black women in Ministerial Leadership» setzt bei dem skizzierten Problem an mit dem Ziel, afroamerikanischen Frauen den Zugang zu kirchlichen Leitungspositionen zu erleichtern.[28] Diese breit angelegte Aktion wurde 2005 vom Interdenominational Theological

---

[28] Vgl. Pressenotiz vom 16.03.2006: «ITC Gets Grant» (http://www.gcsrw.org /newsarchives/2006/060316.htm).

Center ins Leben gerufen und durch eine Spende von rund 1,4 Millionen US-Dollar der Stiftung Lilly Endowment finanziert. Die Presbyterian Church in *Kanada* umfasst ca. 125'000 Mitglieder.[29] Ihr höchstes Beschlussorgan ist die jährliche Vollversammlung. An ihr nehmen jeweils ebenso viele Personen im «Ältesten»-Amt als Pfarrerinnen und Pfarrer teil. Im «Ältesten»-Amt machen Frauen etwa 40 % aus (Stand 2006). Auf Anfrage des Komitees «Women in Ministry Committee» wurde 2002 der Frauenanteil bei den «Ältesten» in den einzelnen Kongregationen der Presbyterien erhoben und veröffentlicht. 872 der 974 Kongregationen haben differenzierte Statistiken geliefert, nach denen insgesamt 6181 Männer und 4178 Frauen unter den «Ältesten» vertreten sind. Dies entspricht einem Frauenanteil von zirka 40 %.

2.4 Lateinamerika

Auch wenn eine systematische Übersicht über die Gleichstellung der Frau in protestantischen Kirchen und Institutionen in Lateinamerika nicht vorliegt, ist aufgrund des verfügbaren Materials davon auszugehen, dass in Lateinamerika erhebliche Defizite bei der Gleichstellung der Frau in kirchlichen Leitungspositionen bestehen.[30] Zunächst soll jedoch auf einige positive Beispiele von Frauen in kirchlichen Leitungspositionen verwiesen werden: so auf Nelida Ritchie (methodistische Bischöfin in Argentinien), Gabriela Mulder (Vizepräsidentin der reformierten Kirche Argentiniens) sowie Gloria Rojas (Präsidentin der evangelisch-lutherischen Kirche in Chile). Auch einige Pfingstkirchen werden in Lateinamerika von Frauen geleitet, u.a. die Iglesia Misión Apostólica Universal in Chile von Juana Albornoz. Theologischen Instituten stehen überwiegend Männer vor, eine der wenigen Ausnahmen ist Dora Canales, Rektorin des Comunidad Teológica Evangélica in Chile. Nach Auskunft des Lu-

---

[29] Vgl. van Beek, Huibert: A Handbook of Churches and Councils, 551.

[30] Vgl. beispielsweise Wagner, Juan Carlos: Women and men in church leadership in Latin America today, in: Partnership in God's mission in the Caribbean and Latin America (Studies from the WARC 37), 1998 (http://www.warc.ch/dp/bs37/04.html); Goulart Duque Estrada, Leciane: A story from Brazil, in: Reformed World 49/1–2, March-June 1999 (http://www.warc.ch/dp/rw9912/02.html).

therischen Weltbunds (LWB) werden gegenwärtig 2 der 16 Mitgliedskirchen des LWB in Lateinamerika und in der Karibik von Frauen geleitet. Dennoch ist der Gesamteindruck eher ernüchternd. Deshalb ist es von besonderer Bedeutung, dass auf der lateinamerikanischen Kirchen-leiterInnenkonferenz (Conferencia de Liderazgo – COL) im April 2006 in Costa Rica die Einsetzung einer Arbeitsgruppe zum Thema «Frauen in kirchlichen Leitungspositionen in Lateinamerika» beschlossen wurde. Federführend ist die Koordinatorin für das Kontinental-Programm für Frauen- und Genderfragen des Lateinamerikanischen Kirchenrates (CLAI), Judith Van Osdol. Sie wird das der COL im April vorgelegte Studiendokument zu «Amt und Leitungsfunktion aus der Gender-Perspektive: Auf der Suche nach einem gemeinsamen Weg»[31] analysieren und bis September 2006 eine überarbeitete Fassung vorlegen. Die von ihr geleitete Arbeitsgruppe hat die Aufgabe, «auf der Basis der Vorlage und eines alle Kirchen in der Region mit einbeziehenden Dialogs weitere Vorschläge für einen intensiven und breiten Dialog zur Thematik Frauen- und Genderfragen zu erarbeiten».[32] Die konkreten Empfehlungen sollen auf der COL 2007 diskutiert und beschlossen werden.

Gemäss der Einschätzung des Beauftragten für Lateinamerika und die Karibik beim LWB, erinnert das COL-Dokument an die bereits angenommenen Empfehlungen im LWB, die Handlungsbedarf bei den lateinamerikanischen LWB-Mitgliedskirchen aufzeigen. Insbesondere geht es um die Empfehlung, einen «Aktionsplan» zu entwickeln, durch den die Gleichheit von Männern und Frauen in der Kirche betont wird, sowie um konkrete Anstrengungen, den Weg in das ordinierte Amt für Frauen zu ebnen (gemäss der VIII. Vollversammlung des LWB in Curitiba, 1990). Das Dokument stellt ferner fest, dass in der Gender- und Frauenfrage in den Kirchen einige Fortschritte erzielt wurden, diese jedoch zu vertiefen seien.

Die Gründe für die fehlende Gleichstellung von Frauen in Leitungspositionen in Lateinamerika sind komplex. Kulturelle Aspekte wie theo-

---

31 Ministerio y poder desde género: buscar un camino común, unveröffentlichtes Dokument der COL 2006.
32 LWB-Nachrichten vom 15.05.2006: «Lateinamerika: KirchenleiterInnenkonferenz bestimmt Arbeitsaufgaben» (http://www.lutheranworld.org/News/LWI/DE/1929.DE.html).

logische Begründungen spielen eine Rolle. Kulturelle Barrieren, patriarchalische Werte und Verhaltensmuster sind trotz einiger Verbesserungen weiterhin stark ausgeprägt. Insbesondere im Süden der Region haben sich indes auch einige positive Entwicklungen ergeben. So ist die Frage berechtigt, inwieweit gewisse Kirchen und Theologien auf diese progressiven Veränderungsprozesse mit dem zähen Festhalten am Althergebrachten reagieren.

Neben dem COL-Prozess sind die Aktivitäten des Frauenkollektivs «Con-Spirando» in Chile positiv zu vermerken. Dieses entstand 1991 aus einem gemeinsamen Interesse an Spiritualität, Theologie und Ethik. Das Kollektiv trägt in hohem Masse zur feministischen Debatte bei: durch Veröffentlichungen und Bildungsprogramme, die Durchführung von Seminaren und Workshops sowie durch jahreszeitliche und frauenspezifische Riten. Im September 2005 fand ein Podiumsgespräch mit neun Frauen in verschiedensten Leitungspositionen aus Kirche, Wissenschaft, Politik und Kultur statt. Im Mittelpunkt standen die Fragen, welche Barrieren sie auf dem Weg zur Macht zu überwinden hatten, welche Erfahrungen sie gesammelt haben und wie die Gleichstellung von Frauen in Führungspositionen gestärkt werden kann. Die Erfahrungsmuster, wie sie in diesem Podium beschrieben wurden, ähneln denen in anderen Ländern.

So wird die Bürde der Isoliertheit von Frauen an den Spitzen der Macht von so unterschiedlichen Frauen wie Gloria Rojas (Chile, s.o. «un liderazgo es vivir sola») oder der Aussenministerin der Schweiz, Micheline Calmy-Rey, formuliert: «Frauen, die Führungspositionen übernehmen, werden wahrgenommen als Frauen, die ihre ureigene Sphäre verlassen und eine neue, dritte Kategorie bilden: Sie bleiben Fremde in der Gemeinschaft der Frauen und Fremde in der Gemeinschaft der Männer.»

3. Ausblick

Frauen tragen die protestantischen Kirchen der Welt, Männer leiten sie – diese These scheint ungebrochen zu gelten. Jedoch verdeutlichen nicht nur das Beispiel der Kirchenratspräsidentinnen der reformierten Kirchen in der Schweiz, sondern auch die in vielen protestantischen Kirchen der Welt stattfindenden Prozesse, Programme, Initiativen und Konsultationen, dass es auf dem Weg zur Gleichstellung der Frau in kirchlichen Leitungspositionen ermutigende Fortschritte gibt.

Ein positives Zeichen wurde auch auf der 9. Vollversammlung des Ökumenischen Rates der Kirchen (ÖRK) gesetzt. So sind im neuen Zentralausschuss 42 % der 150 Delegierten Frauen. Dabei ist jedoch festzuhalten, dass – wie bei der Christian Conference of Asia – auffallend viele Frauen zugleich junge Delegierte sind. Zudem sind drei der acht ÖRK-Präsidenten sowie eine der Vizemoderatoren des Exekutivausschusses Frauen.

Trotz vieler Erfolge sind auch Rückschläge zu beobachten. Exemplarisch sei auf die reformierte Kirche in der Ukraine, die Lutheraner Polens und Lettlands oder auf die Altreformierten Hollands verwiesen. So wurde in der Ukraine gemäss einem Beschluss der Synode die «Ordination von Frauen zum geistlichen Amt, ihre Wählbarkeit als Gemeindepfarrerinnen und ihre Befugnisse zur Sakramentsverwaltung» 2006 wieder abgeschafft. Als Grund wird unter anderem der Schutz von Frauen vor schwierigen Arbeitsbedingungen wie unbeheizten Kirchen vorgeschoben.[33] Diese Rückschritte gilt es mit grosser Aufmerksamkeit zu verfolgen und zu benennen.

Des Weiteren zeigt unsere Analyse, dass insgesamt ein enormer Forschungsbedarf in der Fragestellung liegt: Die fehlende Repräsentanz von Frauen in Leitungspositionen muss international und systematisch vergleichend diskutiert werden. Eine wichtige Voraussetzung hierfür wären nach Frauen und Männern differenzierte Statistiken auf lokaler, nationaler, regionaler und internationaler Ebene. Diese zu erheben und daraus kirchenpolitische Strategien abzuleiten, ist eine wichtige Herausforderung für die verantwortlichen kirchlichen Institutionen.

---

[33] Vgl. Luibl, Hans Jürgen: Ukrainische Reformierte: Frauen im Pfarrdienst abgelehnt, in: Reformierte Presse, Nr. 18, 5. Mai 2006, 7.

Macht nutzen – sich vernetzen

Soziale und globale Verantwortung von Frauen
in kirchlichen Ämtern

Doris Brodbeck

«Was tragt ihr Frauen in der Schweiz zur Verbesserung der Lage der
Frauen im Süden bei?» Durch Fragen wie diese werden Schweizer Delegierte immer wieder mit ihrer Macht konfrontiert.[1] «Wir sind ja selbst
unterdrückt», lautet manchmal die spontane Antwort. Genügt das? Genügt ein solidarisches Opfersein unter Frauen? Oder sollten die Frauen
in der Schweiz ihre Macht bewusster und gezielter nutzen? Diese Anfrage gilt natürlich auch den Frauen in kirchlichen Entscheidungspositionen, insbesondere den Kirchenratspräsidentinnen: Was bewirken sie mit
ihrer Macht?

Hier soll danach gefragt werden, welche Strategien Frauen im kirchlichen Umfeld gewählt haben und was für einen fairen Umgang miteinander und in einem globalen Kontext hilfreich war. Dabei wird auch nach
der Rolle der Frauen als Gewaltzeuginnen gefragt und nach der Vernetzung unter Frauen. Kleine Anfänge führten zur Idee eines fairen globalen Handels, weil Frauen ein neues Bewusstsein dafür schufen. Ähnliche
Aufbrüche müssten auch in Bezug auf die Prostitution und den Handel
mit Frauen geschehen. So werden zum Schluss Themen genannt, die in
der Schweiz gemeinschaftlich aufgegriffen werden sollten.

---

[1] Vgl. den Bericht der Aargauer OeME-Fachstellenleiterin Ursula Walti über
ihre Begegnungen an der Frauenkonferenz des Reformierten Weltbundes
RWB 2005 in Jamaika, in: Neue Wege 11/2005, 370–373. – Ähnliches war zu
hören an der Weltfrauenkonferenz 1995 in Beijing/Peking, an der 8. Vollversammlung des Ökumenischen Rats der Kirchen ÖRK 1998 in Harare
(Zimbabwe) zum Abschluss der Dekade «Kirchen in Solidarität mit Frauen»,
an der Frauenvorkonferenz zur Generalversammlung des RWB in Accra
(Ghana) und an der 9. ÖRK-Vollversammlung in Porto Alegre (Brasilien) im
Februar 2006, um nur einige wichtige Versammlungen zu nennen.

Schon die Pionierin der schweizerischen Frauenbewegung, Helene von Mülinen, wünschte 1903, dass Frauen Kirche und Gesellschaft aktiv mitgestalteten.[2] Sie forderte 1904 für Frauen den Zugang zu kirchlichen Ämtern und sah einen deutlichen, sowohl spirituellen wie sozialpolitischen Auftrag, den sie mit der Wählbarkeit von Frauen in kirchliche Ämter verband. Macht verpflichtet und will inhaltlich gefüllt werden.

1. Macht teilen mit Ohnmächtigen

Menschen aus Ländern des Südens und Ostens leiden auch heute noch, Jahrzehnte nach der Abschaffung des Sklavenhandels und der Kolonialisierung, unter der Ausbeutung durch die Industrienationen des Nordens. Frauen in den wirtschaftlich unterdrückten Ländern setzen ihre Hoffnung besonders auf die Frauen des Nordens, die durch ihre berufliche und ökonomische Emanzipation stärker als sie selbst an der Macht teilhaben, einer Macht, die über das globale Zusammenleben entscheidet. Die Errungenschaften der Frauenemanzipation verpflichten zur Solidarität mit denen, die sich nicht selbst befreien können.

Das geschilderte Machtgefälle zwischen Frauen im Norden und Westen und denen im Osten und Süden bietet jedoch keinen Grund zu Überheblichkeit. Es ist vielmehr eine Verpflichtung zum Zuhören und Handeln. Erst im Zuhören wächst die Weisheit dafür, angemessen mit der eigenen Macht umzugehen. Frauen im Norden dürfen sich nicht so verhalten, als hätten sie das Patentrezept für die Welt bereits in der Tasche, bloss weil sie vermehrt an den Hebeln der Macht sitzen. Gerade ihre Macht verpflichtet sie, die Situation der Ohnmächtigen sorgfältig und differenziert wahrzunehmen. Dies geschieht nicht über Theorien, die das Gegenüber erneut ohnmächtig werden lassen. Vielmehr verhilft das Zuhören dazu, den Ohnmächtigen Macht zu schenken und damit die eigene Macht verantwortungsvoll zu teilen.

---

[2]   Zu Helene von Mülinen siehe den Beitrag in diesem Buch von Judith Stofer: Selbstbewusst, gläubig, engagiert. Entwicklung der Position der Frauen in den reformierten Kirchen, 23ff.

2. Mitleid ist falsch verstandenes Christentum

Im Dezember 2000, zu Beginn der Dekade des Ökumenischen Rates der Kirchen (2001 bis 2010), führte ich als Fortsetzung meines pfarramtlichen Sabbaticals eine konsultative Umfrage zur Überwindung der Gewalt durch. Die Reaktionen zeigten, dass viele christlich motivierte Befragte in der Polarität von Täter, Täterin und Opfer gefangen sind. Die Alternative, als Zeuginnen von Gewalt Verantwortung zu übernehmen und entsprechend zu handeln, kommt nicht in Blickweite. Die Hauptgruppe von Befragten waren die Mitglieder des damals noch bestehenden Verbands Reformierter Theologinnen Schweiz. Von dessen 220 Angeschriebenen trafen 23 Antworten ein, also ein Rücklauf von gut 10 %.

Die Antwortenden beschrieben sich als Opfer von Gewalt, was innerkirchliche Abläufe angeht. Sie vermuteten auch, Täterinnen zu sein, was unbewusste verbale Gewalt anbelangt, und zeigten ihre Betroffenheit über die Gewaltopfer, denen sie in der Seelsorge begegneten. Sie äusserten aber keine Absicht, als Zeuginnen von Gewalt aktiv zu werden. Vielmehr kam zum Ausdruck, dass sie sich selbst als sekundäre Opfer von Gewalt fühlten, indem sie unter den Eindrücken von Gewalt mitlitten.

Vergleichsgruppen waren die Teilnehmenden und Betreuenden einer geschützten Werkstätte mit christlichem Profil in der Stadt Zürich sowie eine schamanische Studiengruppe, die sich im Tessin trifft. Die Antworten der Teilnehmenden der christlichen Werkstätte liessen sie als Opfer von körperlicher, psychischer und auch religiös gefärbter Gewalt erkennen. Deutlich wurde bei diesen Antworten aber auch der Wille, aus der Opferrolle herauszutreten und das Leben trotz der und mit den belastenden Erfahrungen in die Hand zu nehmen. Eigene Gewalt wird von diesen Betroffenen nicht angesprochen.

In der schamanischen Gruppe wurden einige Opfer familiärer Gewalt sichtbar. Signalisiert wurde aber auch ein Bewusstsein gegenüber eigener verbaler und körperlicher Gewalt – zum Beispiel in der Elternrolle. Deutlich trat bei diesen Befragten als Einziges der Wille hervor, als Zeugen oder Zeuginnen von Gewalt zu agieren, nicht Mitleid aber Mitgefühl zu zeigen und Gewalt zu stoppen.

Da ich selbst zu den befragten Theologinnen gehöre, nahm ich die Resultate dieser Umfrage auch als Selbstkritik auf. Ich fragte mich, ob die Haltung des christlichen Mitleids nicht kontraproduktiv dafür sei, der

Gewalt aktiv entgegenzutreten, weil es Gewaltzeuginnen die Hand-
lungsfähigkeit raube und sie in einer selbstgewählten Opferrolle festhalte.
In eine ähnliche Richtung weist auch die theologisch-systematische Forschung von Regula Strobel.[3] Die römisch-katholische Theologin weist in
verschiedenen Publikationen auf die Problematik der christlichen Opfertheologie hin. Diese fördere die gesellschaftliche Akzeptanz von Opfern,
weshalb für den Familienfrieden Inzestopfer oder für das wirtschaftliche
Wachstum Arbeitslose in Kauf genommen würden.

Dieser Missbrauch von Menschen war nicht der Sinn des Todes Jesu
Christi. Sein Tod stand im Gegenteil für das Ende aller Gewaltopfer, indem sich Gott an die Seite des Opfers stellte, wie der christliche Sozio-
loge und Gewaltforscher René Girard darlegt. Die christliche Tradition
reflektierte dieses Widerstandspotenzial des Glaubens jedoch zu wenig,
weshalb Menschen in der Nachfolge Christi – wie auch meine Umfrage
zeigte – noch heute eher dazu tendieren, Gewalt geduldig zu ertragen als
sich dagegen zu wehren.

3. Was hindert uns zu handeln?

Die Not im Süden und Osten wie auch die Gewalt im eigenen Land werfen die Frage nach einem Eingreifen auf, doch: Was hindert uns zu handeln? Neben dem christlichen Mitleid, das eher in eine Passivität führt als
zu einem entschiedenen Einsatz für die Armen und Unterdrückten, sind
es auch strukturelle Probleme, die Frauen in Machtpositionen die Kraft
zum Handeln rauben. Es fehlt an einer gemeinsamen Stossrichtung, welche die Kräfte und Kompetenzen bündelt und damit Synergien schafft.
Jede allein, an ihrem Ort, ist machtlos. Um die nötige Veränderung der
Gesellschaft herbeizuführen, braucht es mehr als die solide Arbeit Ein-
zelner.

---

[3] Strobel, Regula: Gekreuzigt für uns – zum Heil der Welt? Die christliche
Opfertheologie und ihre unheilsamen Folgen, in: Neue Zürcher Zeitung,
220. Jg., Nr. 77 v. 3./4.4.1999, 79. Nachdruck in: Brodbeck, Doris (Hrsg.):
Unerhörte Worte. Religiöse Gesellschaftskritik von Frauen im 20. Jahrhundert, Bern/Wettingen 2003, 280–286.

Ich erinnere mich an ein Podiumsgespräch zum Thema Frauenhandel in der Schweiz im März 2006 im Rahmen der Brot-für-alle-Kampagne «Wir glauben. Menschenrechte fordern Einsatz». Die eingeladene Staatsanwältin schilderte, wie sie versucht hatte, Fälle von Frauenhandel ans Tageslicht zu ziehen und dem Gericht vorzulegen. Obwohl sie couragiert und mit viel persönlichem Einsatz die gesetzlichen Möglichkeiten auszuschöpfen gesucht, zudem sorgfältig darauf geachtet hatte, die Opfer zu schützen, konnte sie letztlich nur bedauernd feststellen, dass sie damit den Frauenhandel nicht zu beseitigen vermöge. Sie könne höchstens den Opfern etwas Genugtuung verschaffen, falls es gelinge, ihre Peiniger der Strafe zuzuführen und sie vor Rache zu schützen.

Wer sich für die Opfer von Gewalt einsetzt, muss offenbar bald erkennen, dass die Gewalt selbst so nicht zu beseitigen ist. Einzelne Anstrengungen – ohne Einbindung in eine übergreifende, tragende Bewegung – bleiben gesellschaftlich wirkungslos. Geht es auch Frauen in kirchlichen Ämtern so? Trotz eines engagierten Einsatzes verbessert sich die kirchliche und gesellschaftliche Situation nur unmerklich.

Trotzdem hinterliess das erwähnte Podiumsgespräch nicht ein Gefühl der Resignation, sondern des Gelingens. Ich spürte, dass wir einander unterstützen können, wenn wir voneinander wissen. Die grosszügigen Spenden für das ebenfalls auf dem Podium vertretene Fraueninformationszentrum FIZ in Zürich (ein Zentrum für Migrantinnen aus dem Süden, u.a. Prostituierte) bekräftigten diesen Eindruck. Jede allein ist mit ihrer Arbeit nur ein Puzzleteil. Zusammen können wir aber die gewünschte Wirkung erzielen.

Was über Frauennetzwerke erreicht werden kann, beweist die beispielhafte Geschichte der «Bananenfrauen», die 1973 in Frauenfeld am Beispiel Bananen auf den unfairen Handel hinzuweisen begannen. Dieser Impuls wurde über den Evangelischen Frauenbund der Schweiz zu einer Bewegung. Aus der Kampagne entstand der Bedarf nach fairen Produkten. So entstanden die Drittweltläden, heute Claro-Läden genannt. Max-Havelaar-Produkte finden sich inzwischen sogar im Angebot der

Grossverteiler. Der Ursprung dieser Entwicklung ist hingegen vergessen gegangen.[4]

Auch in Bezug auf den Handel mit Frauen kann der Staat allein durch Staatsanwaltschaft, Polizei und entsprechende Gesetze wenig bewirken. Er ist auf die Meinungsbildung in der Öffentlichkeit angewiesen, die sich dann auf die die Rechtssprechung auswirkt. Ausserdem braucht er die Unterstützung durch Nichtregierungsorganisationen wie das Fraueninformationszentrum, das den direkten Kontakt zu den Opfern herstellen kann, um sie überhaupt als Zeuginnen zu gewinnen. Diese Art Zusammenarbeit wird heute noch kaum honoriert. Das Fraueninformationszentrum muss noch immer ohne staatliche Unterstützung auskommen, obwohl es mithilft, rund hundert Zeuginnen pro Jahr der Staatsanwaltschaft zuzuführen. Hier sehe ich eine Chance für die Kirche und für Frauen in kirchlichen Entscheidungspositionen als Verbindungsglied zwischen Staat und Gesellschaft. Durch Stellungnahmen, Gespräche und Öffentlichkeitskampagnen vermögen sie die nötige Synergie zu erzeugen, die es für ein gelingendes Zusammenwirken braucht. Ich sehe die Aufgabe der Kirche darin mitzuhelfen, die nötige Öffentlichkeit zu schaffen, um einander zuzuhören und ein gemeinsames Engagement zu entwickeln.

4. Gelingendes Zusammengehen

Die Geschichte der Schweiz kennt leider auch viele Beispiele der Separierung. So agierten die politische und die kirchliche Frauenbewegung oft voneinander getrennt. Innerhalb der ökumenischen Frauenbewegung gab es die Ausgrenzung von Theologinnen und Frauen in offiziellen kirchlichen Strukturen, weil Frauenkirche oftmals als Protest gegen die Landeskirchen propagiert wurde. Diese Frontenbildung lässt sich zum Glück immer wieder überwinden. Das seit 1995 gefeierte Aargauer Frau-

---

4   Brunner, Ursula: Bananenfrauen, Frauenfeld/Stuttgart/Wien 1999; Brodbeck, Doris: Erwartungen, Experimente, Enttäuschungen. Aufbruchstimmung bei reformierten Frauen im Kanton St. Gallen Ende des 20. Jahrhunderts, in: Brodbeck, Doris u.a.: Neue Frauenbewegung (145. Neujahrsblatt, hrsg. v. Historischen Verein des Kantons St. Gallen), St. Gallen 2005, 57–71.

enkirchenfest[5] ist ein Beispiel eines gelingenden Zusammengehens von ökumenischer Frauenkirche und Frauen aus den kirchlichen Strukturen. Für ein Zusammenkommen von Frauen aus Politik, Wirtschaft und Frauenverbänden – auch konfessionellen – steht die St. Galler Frauenvernetzungswerkstatt, die seit 1997 jährlich rund siebenhundert Frauen zusammenführt.[6] Trotz aller Verschiedenheit entstehen so Synergien, indem Frauen voneinander lernen und aktuelle Themen miteinander anpacken.

Frauen an der Macht benötigen die Tuchfühlung mit den Frauen und Männern an der Basis. Sie können sich nur wirksam einbringen, wenn sie sich von gemeinsamen Zielen getragen wissen. Folgende Themen bedürfen meiner Meinung nach einer gemeinsamen Klärung:

– Welche Form eines multikulturellen und multireligiösen Zusammenlebens wünschen wir der Schweiz? (Ausländer- und Asylpolitik)
– Wie kann modernen Formen der Versklavung von Menschen entgegengetreten werden? (Sans Papiers in den Bereichen Prostitution, Haushalt, Landwirtschaft)
– Welche ethischen Werte wollen wir dem westlichen Liberalismus entgegenstellen? (Pornographie und Sexismus, Rassismus, Abwertung des Alters, Sonntagsarbeit)
– Wie wollen wir unser Verhältnis zur globalen Welt gestalten? Wie können wirtschaftliche Interessen unseres Landes mit unseren humanitären Werten verbunden werden in Bezug auf Kinderarbeit, Unterdrückung von Frauen, Ausbeutung von Arbeitnehmenden, Umweltschutz und Tierschutz?

Über diese Fragen müssen Frauen in den Kirchenleitungen mit Menschen an der Basis ins Gespräch kommen. Einen Ansatz dazu leistet auch die Frauenkonferenz des SEK, die an ihren letzten Treffen die Wertefrage aufnahm.[7] Über die kirchlichen Hilfswerke könnten wir

---

5   Vgl. http://www.frauenkirchenfest.ch.
6   Vgl. http://www.ostschweizerinnen.ch.
7   11. Frauenkonferenz «Grundwerte» 14.11.2005 in Bern; 12. Frauenkonferenz «Gerechtigkeit zwischen Gleichheit und Differenz», 20.3.2006 in Bern. Vgl. http://www.sek-feps.ch – Organisationen – Konferenzen. Insbesondere das Grundsatzpapier von Kirchenratspräsidentin Claudia Bandixen: «Ge-

ferner Stimmen aus dem Süden und Osten vernehmen. Machtpositionen verlangen eine sorgfältige Vernetzung sowie ein aufmerksames Zuhören, damit Entscheidungen zum Wohl aller gefällt werden. Der Zugang von Frauen zu kirchlichen Machtpositionen fordert aber auch Frauen an der Basis und kirchliche Mitarbeiterinnen heraus. Sie müssen verstehen lernen, was die Machtträgerinnen an Vorbereitung und Informationen benötigen, um Entscheidungen im gewünschten Sinn herbeizuführen. Doch vor allem: Erkennen wir unsere Macht! Lernen wir sie zu nutzen, um dem Reich Gottes in dieser Welt Raum zu schaffen.

---

danken zum Begriff Solidarität. Solidarität im Kontext der Frauentheologie Lateinamerikas».

Kräfte der Erneuerung

Spiritualität von Frauen in Leitungspositionen

Luzia Sutter Rehmann

1. Das Leben leidenschaftlich lieben

Wenn Frauen Kirchen leiten, bilden sie eine Ausnahme, sagt man. Normalerweise leiten Männer die Kirchen, seit tausenden von Jahren, egal welcher Konfession. Überhaupt gilt der Mann als Vertreter der Norm, des allgemeinen Prinzips, und die Frau vertritt das Andere, die Ausnahme – die es in jedem System genau so brauche wie die Norm selbst.

Diese Erkenntnis ist ernüchternd. Denn Ausnahmen sind nicht transformierend, sie sind stets «inbegriffen», eingekeilt zwischen Norm und Norm. Sie können zwar die Norm in Frage stellen, aber auch diese Infragestellung kann – solange sie ausserhalb bleibt – das Ganze nicht verändern. So erklärt es uns die Logik. Aber stimmt sie wirklich, oder nur teilweise? Und: Wie könnte diese Einteilung unterlaufen werden? Denn solange leitende Frauen als «anders» wahrgenommen werden, als Ausnahmen im System – sei es als besondere Hoffnungsträger oder als Unsicherheitsfaktoren, denen Misstrauen entgegengebracht wird – wird alles, was sie tun, «anders» beurteilt. Wie der Satz: «Es ist eine Frau, aber...»[1] zeigt.

Die reformierte Theologin und Kirchenfrau Marga Bührig war überzeugt, dass Frauen sich selbst definieren sollen. Nicht als Ausnahme, sondern selbstverständlich, als Subjekte, mit denen zu rechnen ist. So begann zum Beispiel ihr Eingangsreferat beim ersten schweizerischen Frauen-Kirchen-Fest 1987 mit den Worten: «Wir Frauen sind Kirche –

---

[1] «Es ist eine Frau, aber sie ist so tüchtig wie ein Mann.» zeigt, mit wem sie gemessen wird; «Es ist eine Frau, aber sie ist sehr konservativ.» zeigt, dass von Frauen eigentlich Erneuerung erwartet wird; etc.

worauf warten wir noch?»[2] Damit wurde die erwähnte Logik, die Regel und die Ausnahme, für einmal unterbrochen: statt von Frauen als Randphänomen auszugehen, setzte Bührig Frauen als Kirche, mit oder ohne männliche Autorisierung. Damit begann die FrauenKirchenBewegung in der Schweiz. Ein Forum, in dem Frauen feierten und in den Mittelpunkt stellten, was ihnen wichtig und heilig war – ohne länger auf etwas zu warten.[3]

Was für Marga Bührig zu dem gehörte, was ihr heilig war, wofür sie zeit ihres Lebens gekämpft hat, kann unter das Thema: «Das Leben leidenschaftlich lieben – Gerechtigkeit leidenschaftlich suchen» gestellt werden. Dies nennt sie selbst die Grundwerte ihres Lebens. Marga Bührig gehört für mich zu den Frauen, die mich in ihrem Engagement für Frauen, für Frieden und Gerechtigkeit überzeugt haben. Hinzu kam das feine Gespür für Unmögliches, das doch möglich werden kann. Auch die FrauenKirchenBewegung hat mich während Jahren spirituell genährt und vieles gelehrt.

Ich möchte im Folgenden drei Wege skizzieren, die meines Erachtens Führungskraft fundieren – als Kraft der Unterbrechung des Gewohnten und damit Erneuerung einfordernd. Dadurch wird deutlich, dass Führung für mich immer zukunftsorientiert ist, das heisst eine Vision beinhaltet, wohin denn der Weg gehen soll. Eine visionslose Führung wäre ein Treten an Ort, ein Tappen im Kreis oder ein Sich-ängstlich-Zurückziehen auf Altbewährtes, bereits Gewesenes.

Wie können also Frauen, die so oft auf ihr «Ausnahmesein» festgelegt werden, erfolgreich neue Zukunft eröffnen? Wie können sie behutsam und sicher erneuern, wenn sie ständig beweisen müssen, dass sie ebenso wie Männer in der Tradition zu Hause sind, Bewährtes repräsentieren können und gar nicht «so schlimm» sind, wie man immer meint?

---

[2] Bührig, Marga: Spät habe ich gelernt, gerne Frau zu sein, 2. Aufl., Stuttgart 1999, IV. Dr. Dr. h.c. Marga Bührig war 1983–89 Mitglied des Präsidiums des ÖRK.

[3] Das Warten bezog sich hauptsächlich auf die Erlaubnis, Frauen als Priesterinnen in der katholischen Kirche zuzulassen. Doch offenbar kannten auch die Frauen anderer Konfessionen oder konfessionslose Frauen das Warten sehr gut. Sonst hätten sie nicht mit dieser Begeisterung das Thema aufgegriffen.

Meine hier skizzierten Antworten gründen auf dem, was mir heilig ist und was Marga Bührig «das Leben leidenschaftlich lieben» nannte. Gewachsen sind diese Antworten innerhalb unserer reformierten Tradition – auch wenn sie nicht als traditionell bezeichnet werden könnten –, aus der kritischen und wachen, aber auch begeisterten Auseinandersetzung mit biblischen Texten sowie durch die Begegnung mit Frauen, welche auf meinem Weg wichtige Wegmarken setzten.

Übrigens, ist es mir schon öfters passiert, dass ich für katholisch gehalten wurde. Dies kann weder an meiner wissenschaftlichen Arbeit noch an meinem Lebensweg liegen, denn ich bin ordinierte reformierte Pfarrerin und Akademikerin. Ich würde mich in die katholische Kirche eher schlecht einordnen können mit meinem reformierten Ethos, das Gewissensfreiheit über alles stellt. Es mag daran liegen, dass ich zum Unsichtbaren, Mystischen ein gelöstes Verhältnis habe, Spiritualität, Poesie, Schweigen und Engel genau so spannend finde wie die eher traditionell befreiungstheologischen Themen: Gerechtigkeit, Diesseitigkeit und verantwortliches politisches Handeln.

Ich habe kein Problem mit meiner sogenannten katholischen Ader und halte bewusst an einem erweiterten Konzept von «Frömmigkeit» fest. Mein Handeln und Denken ist nicht nur von Ethik und Aufklärung bestimmt, sondern es gründet im transzendenten Raum, in tieferen Schichten der Persönlichkeit und der Traditionen, der Geschichte und des Glaubens.

2. Leadership

Beginnen wir von vorne. Was bedeutet denn «leadership»? Im Wörterbuch finden wir unter «to lead»: führen, leiten, vorangehen, den Weg bahnen, bewegen; je nach Zusatz kann es auch heissen: verleiten, verführen oder verlocken, ermutigen, aufmuntern. Verführung und Verlockung sind weiblich und negativ besetzt in unserer Gesellschaft, während führen und leiten als männliche Stärken gelten. Damit wird die Schwierigkeit deutlich, Frauenleitung anzuerkennen, sie als selbstverständlich zu verstehen. Reizvoll finde ich die eher unbekannten Seiten dieses Verbs: vorangehen, den Weg bahnen, bewegen, ermutigen, aufmuntern. Mit diesen kann ich mich sofort identifizieren.

Ein Leader ist also eine Person, der in einer bestimmten Funktion eine leitende Bedeutung zukommt, sei es für Mitmenschen oder für Gesellschaft und Öffentlichkeit allgemein. Leadership findet in der Familie wie in der Öffentlichkeit statt, wenn Menschen kraft ihrer Fachkenntnisse oder ihres Wissensvorsprungs Meinungen und Haltungen prägen. Führung ist also mehr als «Menschenführung» oder «Mitarbeitendenführung» – und gehört sicher nicht nur in Managementkurse. Leadership ist gerade in Non-Profit-Organisationen sehr anspruchsvoll, weil hier andere Regeln als in wirtschaftlichen Unternehmen gelten. Leadership heisst eine führende Rolle ausüben. Wie nimmt sie oder er diese Rolle wahr? Welcher Sinn hat diese Leitungsfunktion? In welchem Verhältnis steht sie oder er zu den «Geführten»?

Als zentrale Kategorien von Führungsqualität werden oft Verantwortung und Glaubwürdigkeit genannt.[4] Das zeigt, dass Leiten nicht nur aus Organisieren und Realisieren besteht, sondern auch aus Denken und Fühlen, letztlich eine Frage der eigenen Identität ist. Alle Rezepte für eine gute Führung scheitern im Endeffekt daran, dass Leadership nicht einfach machbar ist, sondern wachsen, erwachsen muss: aus der eigenen Erfahrung, aus der Persönlichkeit heraus.

«Das Erfordernis der ‹Stimmigkeit› von Führungskräften ruft nicht nur nach der eigenen Persönlichkeitsentwicklung, hin zum ‹ganzen› Menschen. Es verlangt auch Musse, Zeit des Leaders zur Reflexion, zum ‹Sich-Finden›, in den Worten von Hannah Arendt nicht nur eine vita activa, sondern auch Phasen einer vita contemplativa.»[5]

Das In-sich-Gehen – um über sich hinaus sehen zu können, um das Ganze in den Blick zu bekommen und dabei den einzelnen Menschen nicht aus den Augen zu verlieren – weist auf den spirituellen Hintergrund von Führungskraft. Er bildet den Grund, worauf Leadership wachsen kann, so dass sie nicht nur eine Rolle ist, die man spielt, sondern eine Verkörperung einer Aufgabe wird, die grösser ist als man selbst, an der man wachsen kann.

---

[4] Siehe dazu Voggensperger, Ruth C. u.a. (Hrsg.): Gutes besser tun. Corporate Governance in Nonprofit-Organisationen, Bern/Stuttgart/Wien 2004, darin vor allem: Rhinow, René: Ethik und Leadership. Ethik als Basis und Orientierung von Führungspersönlichkeiten, 117–128.
[5] Ebd., 127.

3. Ritzen finden

Spiritualität kann als eine religiöse Praxis eingeübt werden, um sich zu verlieren und zu finden. Sie ist eine Art der Wahrnehmung, ein Instrument, um die Ebene zu wechseln und Tiefe zuzulassen. Diese Wahrnehmung verlangt jedoch Konzentration oder eine Schärfung der alltäglichen Sinne. Der ehemalige Franziskaner und Theologe Fulbert Steffensky sagt im Gespräch mit der evangelischen Theologin Dorothee Sölle: «Bei Spiritualität lehne ich immer den Gedanken der Besonderheit und der ausserordentlichen Erfahrung ab. An Spiritualität ist vor allem der Name fein. Die Sache selber hat viel zu tun mit Methode, mit Regelmässigkeit, mit Wiederholung.»[6]

Die mönchische Regelmässigkeit und Wiederholung von Übungen findet wenig Zuspruch bei Dorothee Sölle. Sie betont vielmehr eine mystische Empfindlichkeit: «Mit mein wichtigstes Interesse ist gerade, die Mystik zu demokratisieren. Damit meine ich, die mystische Empfindlichkeit, die in uns allen steckt, wieder zuzulassen, sie auszugraben aus dem Schutt der Trivialität.»[7]

Während sich Sölle Achtsamkeit wünscht und wache Sensibilität, welche mitten im Alltag weckt, aufrüttelt, alles vergessen lässt oder im Gegenteil hell wach macht für die Nähe des Unaussprechlichen, betont Steffensky, dass es hartnäckiges Loslassen braucht, geübtes Innehalten, immer wieder Versuche, die Mitte zu finden. Der lebendige Strom Gottes umgibt uns zwar alle. Um in ihn einzutauchen, braucht es aber kontemplatives Training.

Die reformierte Theologin Dorothee Dieterich[8] geht bei ihren Überlegungen vom Alltag aus. Einem Alltag, den viele Frauen ähnlich erleben. Sie weiss, dass die meisten Frauen Beharrlichkeit und Geduld, Stehvermögen und Wiederholungsvermögen aufbringen müssen. Anders liessen sich keine Beziehungen pflegen, kein Haushalt führen, kein Kind grossziehen. Eine weiteres Pflichtprogramm, überschrieben mit «stille Versenkung», bedeute daher keine befreiende Erfahrung, sondern nur

---

[6]   Steffensky, Fulbert: Vorwort. Ein Gespräch, in: Dorothee Sölle, Mystik und Widerstand, Hamburg 1997, 13.

[7]   Ebd., 13.

[8]   Dieterich, Dorothee: Spiritualität im Frauenalltag, in: FAMA 3/1999, 5–7.

zusätzliche 30 Minuten, die irgendwo abgezweigt werden müssen. Deshalb ruft sie dazu auf, Genuss, Lust, Aufmerksamkeit und Achtsamkeit sich selbst gegenüber zu entwickeln.

Somit scheint sie die beiden Pole Wiederholung und Aufwecken in ihrem Ansatz verbinden zu können. Im täglichen Zubereiten von Mahlzeiten, im Organisieren des Haushalts ist geduldiges, rituelles Wiederholen, beharrliches Üben in Demut, Sich-Versenken in «Nichtigkeit» inbegriffen. Achtsamkeit gegenüber dem Kleinsten wird trainiert. Demgegenüber ist es wichtig, dass Frauen sich etwas gönnen, geniessen, Lebendigkeit zulassen, ihre Kraftquellen finden.

Bei Steffensky, Sölle und Dieterich fällt auf, dass Spiritualität im Alltag verortet wird. Spiritualität scheint geradezu die Kraft zu sein, die den Alltag zum Festtag verwandelt, ihm zu etwas Glanz und Weite verhilft. Die Unterbrechung der Routine, des gewohnten Ablaufs, der trivialen Oberfläche scheint das Wesentliche zu sein: loslassen, nachdenken, eintauchen – dies bildet die Ritze, durch die der *spiritus* hereinschlüpfen kann, das Fenster in die Tiefendimension des Lebens.

Sowohl der Gottesdienst im Lebensalltag wie auch das Priestertum aller Gläubigen sind reformierte Inhalte, mit denen ich mich identifizieren kann. Daher leuchtet mir Dorothee Dieterichs Selbstverständlichkeit sehr ein, mit der sie Spiritualität im Alltag verortet und genährt sieht von den Erfahrungen, die Frauen alltäglich machen.

Doch was ist dem Alltag von Frauen gemeinsam? Hat nicht jede von uns einen ganz anderen Tagesablauf, andere Pflichten und Herausforderungen? Gemeinsam ist uns sicher Zeitmangel! Der Austausch mit Frauen zeigt: Viele kennen auch die Zerstückelung in tausend mehr oder weniger wichtige Dinge. Sie isoliert uns untereinander, von der Verbundenheit mit Gott, von den jeweiligen Kraftquellen. Ich denke, viele Frauen in Leitungspositionen kennen die Erfahrung von Widerständen, die sie überwinden müssen, die sie klein halten und zurückbinden wollen. Für mich als reformierte Befreiungstheologin gehört auch der Hunger nach Gerechtigkeit zu dem, was mich mit anderen tief verbindet: die Sehnsucht nach Lebensfülle, die Utopie einer anderen Welt.

Der Alltag von Frauen trägt weltweit die Züge von Gewalterfahrungen und Schmerz.[9] Unterbrechung des Alltags heisst hier: Unterbrechung der Gewalt, der Marginalisierung, des alltäglichen Hungers. Diese Erfahrungen lehren, Spiritualität nicht nur im Kleinen zu suchen, sondern das Grösste zu verlangen: Gerechtigkeit in Beziehungen und Sorgfalt im Umgang mit Körper, Grenzen und Bedürfnissen. Spiritualität wird so zu einer Kraft der Erneuerung, die sich auf ein gerechtes gesellschaftliches Zusammenleben, auf die Aushandlung der Generationenverträge, der Geschlechterbeziehungen, der Arbeits- und der Glaubenswelt bezieht.[10]

Die Ritze zu suchen, um Gerechtigkeit einzulassen, unterbricht den Alltag noch einmal anders. Und: Politisches Handeln steht nicht im Gegensatz zu Spiritualität. Im Gegenteil: Eintreten für eine gerechtere Welt verbindet Privates mit Politischem, mein Eigenes mit Kollektivem. Es kann allem, was ich tue, Sinn geben.

4. Inspirationen schwarz auf weiss?

Fassen wir zusammen: Vielen Frauen wird Leadership nicht selbstverständlich zugestanden. Sie werden immer wieder als Ausnahmen betrachtet, die es besonders gut oder besonders schlecht machen, die auf jeden Fall «besonders» beurteilt werden. Um aus diesem Schema herauszukommen, ist es hilfreich, sich auf das zu konzentrieren, was einen selbst nährt und wichtig ist. Echte Leadership wird von einer spirituellen Dimension genährt. Dann ist sie nicht nur eine Rolle, in die man schlüpft, sondern eine Aufgabe, an der man selbst wachsen kann.

Zum Schluss noch die Frage, ob Bibellektüre für reformierte Frauen in Leitungspositionen heute hilfreich sein könnte. Diese Frage möchte

---

[9] Vgl. Gebara, Ivone: Erinnerungen an Zärtlichkeit und Schmerz – Auferstehung vom Alltag des Lebens her denken, in: Sutter Rehmann, Luzia/Bieberstein, Sabine/Metternich, Ulrike (Hrsg.): Sich dem Leben in die Arme werfen. Auferstehungserfahrungen, Gütersloh 2002, 32–53.

[10] Vgl. Mananzan, Mary John u.a. (Hrsg.): Women resisting violence. Spirituality for life, Maryknoll (New York) 1996.

ich uneingeschränkt bejahen, denn Bibellektüre ist ein Mittel zur Stärkung, zur Ermächtigung, ja ein spiritueller Weg.

Die Auseinandersetzung mit biblischen Texten kann zu einer Koordinate werden, welche die eigene Arbeit unterstützt.[11] In neutestamentlichen Texten sind leitende Frauen zu finden, zum Beispiel Chloe (1. Korinther 1,11), Phoebe, Junia und Priska (Römer 16,1–7), die als Botschafterinnen, Vorsteherinnen, Apostelinnen und Lehrerinnen wirkten. Die Zurückbindung von Frauen aus Leitungspositionen fand allmählich statt und lief parallel mit der Romanisierung des Christentums, seiner Institutionalisierung und Legalisierung.

Im Neuen Testament finden wir aber nicht nur herausragende Frauen, wir finden auch Geschichten,[12] die von der Beharrlichkeit einer Frau erzählen, wie diejenige von der Witwe[13] in Lukas 18,1–6. Diese Witwe steht als Beispiel für viele andere, die wie sie hartnäckig sind. Sie steht nicht für Aufbruch, Erneuerung und Transformation, sondern schlicht für die Einhaltung des Rechts: Sie konfrontiert einen skrupellosen Richter mit ihrer Forderung nach Gerechtigkeit. Sie hat dabei nichts anderes in die Waagschale zu werfen als ihre unermüdliche Präsenz. Ihre Hartnäckigkeit wird mit dem langen Atem Gottes verglichen, der unendlich viel länger ist als der aller ungerechten Richter zusammen. Mit ihrer Unermüdlichkeit verkörpert sie Führungskraft in einer Zeit der Marginalisierung des Rechts.

Ein anderes Modell von Leitung sehen wir in der Offenbarung des Johannes[14]: Die Gemeindeengel repräsentieren ihre Gemeinden. Sie ste-

---

[11] Zum Beispiel Schüssler Fiorenza, Elisabeth: Weisheitswege. Eine Einführung in feministische Bibelinterpretation, Stuttgart 2005.

[12] Hierher gehört auch der Protest der «Rahel, die sich nicht trösten lassen will» (Mt 2,18), die den Kindermord in Bethlehem anprangert und den Trauernden ihre Stimme leiht.

[13] Im Lukasevangelium finden sich viele Witwen. Witwen spielten bei der Ausbreitung des Christentums und bis ins zweite Jahrhundert eine leitende Rolle in den Gemeinden.

[14] Die Sehschule des Propheten Johannes sensibilisiert die Wahrnehmung, rüttelt auf, lässt hellwach werden – Voraussetzungen für die Suche nach Spiritualität. Ausführlicher dazu in: Sutter Rehmann, Luzia: Vom Mut, genau

hen für die Stärken und Schwächen aller hin; sie sind Ansprechperson und Vermittlungskraft. Diese Vorstellung von Leitung ist nicht prägend geworden in unseren Kirchen. Aber sie enthält spirituelles Potenzial, das noch nicht ausgeschöpft ist. Diese «Engel» sind keineswegs fehlerfrei, aber sie sind in der Johannesoffenbarung Kundschafter/innen einer anderen Welt. Denn Engel können Gräben überwinden, durch Mauern (und Ritzen) gehen, sie sind Gestalten des Zwischenraums zwischen Tag und Nacht, zwischen Oben und Unten, zwischen den Zeiten. Und: Engel lassen sich nicht in Rollen pressen, sie transzendieren vielmehr alles, was ihnen in die Quere kommt. Denn sie haben eine Aufgabe in der Welt, einen Auftrag, der sie zu dem werden lässt, was sie sind.

Wer biblische Texte zu Kirchenleitung sucht, läuft aber Gefahr, Chloe und ihre Kolleginnen, die Witwen oder die Engel zu übersehen. Bilder von männlichen Aposteln, von Presbytern und von Diakonen drängen sich vor. Wir können die Modelle einer Führung, die nicht männlich geprägt oder für Frauen offen ist – ohne sie zu Ausnahmen zu machen – aber nur entdecken, wenn wir uns nicht mehr nach männlichen Vorbildern orientieren und Frauen in diesen Positionen nicht als Ausnahmeerscheinungen betrachten.

Es geht darum, das Wahrnehmungsmuster «die Norm und ihre Ausnahme» nicht mehr auf die Geschlechter zu verteilen, weder auf einzelne Individuen, noch auf die Typisierung von sogenannten geschlechtsspezifischen Fähigkeiten und Eigenschaften. Die kritische und sorgfältige Bibellektüre kann uns dabei helfen, dieses Muster abzutrainieren.

Einen spannenden Weg hat die jüdische Mystik gefunden, in der Schriftauslegung «die Norm und ihre Ausnahme» zu thematisieren. Nicht nur die schwarzen Buchstaben, sagt sie, sondern auch die weissen Lücken sind Zeichen der Lehre, der Tora. Diese Zwischenräume würden erst in der kommenden Zeit verständlich werden. Also auch hier finden wir das Tasten nach Ritzen, durch die der *spiritus* als Leben spendender Geist hereinschlüpfen kann, das Wechseln der Ebene, das Durchbrechen des vermeintlich Sicheren und Gewohnten.

---

hinzusehen. Feministisch-befreiungstheologische Interpretationen zur Apokalyptik, Luzern 1998.

Wenn wir diesem Weg folgen, dann tauchen zum Beispiel plötzlich Prophetinnen neben Propheten auf, die wir nicht kannten und deren Grösse wir nicht erahnten. Mirjam, Debora und Hulda werden traditionellerweise in der christlichen theologischen Auslegung als Randfiguren betrachtet. Sie stehen im Schatten ihrer Brüder. Damit wird nicht nur ihre eigenständige Bedeutung verkannt, sondern der Status quo (Frauen sind Randerscheinungen) weitergeschrieben.

Wenn wir sie aus den Schichten der Überlieferung ausgraben, wird das ganze System der Überlieferung neu interpretiert.[15] Wenn die Prophetin Mirjam aus den «weissen Lücken» der Tora hervortritt und die Offenbarung der «weissen Verborgenheit» der Tora eröffnet, wenn Debora und Hulda das in der Geschichte Versäumte ins Zentrum rücken, so beginnt sich das System von schwarz und weiss, von Buchstaben und ihren Zwischenräumen neu zu ordnen.

Damit soll nicht gesagt sein, dass Prophetinnen *nur das Weisse* zwischen den Buchstaben sind. Sie stehen vielmehr für das, was *das ganze System* neu durchmischt, sie machen deutlich, dass nur das Schwarze allein unlesbar würde, wäre es nicht in Offenheit, Luft, Lebendigkeit eingebettet. Wer sie als Randfiguren liest, sie in den Schatten stellt, versteht nie den ganzen Schriftsinn, orientiert sich nur nach dem Buchstaben – und übersieht den freien Raum, die weisse Verborgenheit der Tora.

Leadership heisst vorangehen, aus dem Schatten hervortreten und einstehen für die Visionen, die die Gemeinschaft oder Gruppe tragen. Dies ist weder eine weibliche noch eine männliche Aufgabe. Frauen sind nicht dazu prädestiniert, Erneuerung zu verkörpern, anders zu sein, besser, offener. Die Erscheinung von Kirchen leitenden Frauen gehört schlicht zur Offenbarung, was Kirche ist. Sie ist nicht so leicht zu deuten. Ständig verfallen wir in Muster, die Frauen abwerten, zu Randfiguren und Ausnahmen stilisieren.

Damit wird die Gesamtheit dessen, was Kirche ist, reduziert und trivialisiert. Kirchenleiterinnen mit einer gewissen Selbstverständlichkeit wahrzunehmen, trägt dazu bei zu zeigen, was Kirche in ihrer Ganzheit ist, war und sein kann. Kirche steht dann für das, was die hartnäckige

---

15 Vgl. dazu Butting, Klara: Prophetinnen gefragt. Die Bedeutung der Prophetinnen im Kanon aus Tora und Prophetie, Knesebeck 2001.

Witwe forderte, genauso wie für die Gemeinden und ihre Engel, die versuchten, einen Ort für ihre Utopie zu finden. Mit anderen Worten: Kirche ist die Gemeinschaft derer, die nicht im Kreis tappen, sondern unterwegs sind in Richtung ihrer Visionen, ihrer Träume von Gerechtigkeit und Frieden.

Transformation

Ina Praetorius

Wir leben heute in einer Welt, in der «vier Prozent des Gesamtvermö-
gens der 225 reichsten Menschen (insgesamt rund tausend Milliarden
Dollar) ... für die Ausbildung, Ernährung und Grundpflege der ärmsten
Bevölkerungsgruppen weltweit» ausreichten.[1] In dieser Welt sterben täglich tausende von Menschen an Hunger oder behandelbaren Krankhei-
ten. Und dass ich in einem der reichsten Länder der Welt lebe, macht
mich und meine Lieben nicht unverletzlich: «Mitten im Leben sind wir
mit dem Tod umfangen.» Wie soll ich in dieser Welt leben und glücklich
sein? Wie kann ich die Spannung zwischen den Tatsachen, meinem
Wunsch nach Glück und der überlieferten, vernünftigen – längst vielfach
in säkulare Moral und staatliches Recht überführten – Weisung, ich solle
meine Mitmenschen lieben wie mich selbst, aushalten?[2]

Die säkulare Ethik beteuert seit der europäischen Aufklärung, der
Königsweg zum guten Leben der Menschen und ihrer Mitgeschöpfe füh-
re über die korrekte Befolgung von «Werten und Normen». Dies kann
aber kein Königsweg sein. Denn führte eine solche Rationalität wirklich
zum guten Leben – ich wäre alle Sorgen los, und die Welt wäre längst in
Ordnung. Die Menschen haben aber Angst, mit gutem Grund. Sie sorgen sich um ihre Gesundheit und ihr Alter, ihr Auskommen und ihre
Lieben, mit gutem Grund. Sie werden starr und fangen an, sich um sich
selbst zu drehen. Auch ich. Um handlungs- und glücksfähig zu bleiben,
brauchen wir alle mehr als Beschwörungen einer vernunftgemässen Prin-
zipienethik. Ich brauche die tägliche Bestärkung, dass dieses Dasein mit
all seinen Widersprüchen trotz allem SINN ergibt.[3] Deshalb bin ich
Christin. Deshalb gehe ich fast jeden Sonntag in den Gottesdienst. Eine

---

[1] Arthus-Bertrand, Yann: Die Erde von oben Tag für Tag, Bd. 2, München
   2003, 26. April.
[2] Lev 19,18; Mt 19,19; 22,39; Mk 12,31; Röm 13,9; Gal 5,14; Jak 2,8.
[3] Vgl. Praetorius, Ina: Handeln aus der Fülle. Postpatriarchale Ethik in biblischer Tradition, Gütersloh 2005, 128 und passim.

halbe Stunde Stille jeden Morgen und eine halbe Stunde Andacht jeden
Abend reichen knapp aus, um das Bewusstsein absurder Zustände, die
Freude am Dasein und die Fähigkeit zur Liebe gleichermassen wach zu
halten.

Die reformierte Tradition gilt als karg, und sie ist es auch. Sie lädt
mich ein, das Evangelium vom *Liebenden Lebendigen* in die Mitte meines
Daseins zu stellen. Keinen Rauch, fast keine Bilder, nur wenig Kerzen-
licht und feststehende Riten, in die ich meinen Wunsch nach sinnerfüll-
tem Dasein einhüllen könnte, bietet sie mir an. Die Bibel soll ich lesen,
das Unservater sprechen, die Predigt hören, hin und wieder das Abendmahl feiern. Meine Arbeit soll ich gut machen, der Welt treu bleiben und
darauf vertrauen, dass *Macht in Beziehung*[4] schon für mich gesorgt hat,
bevor ich mir Sorgen mache.[5] Mehr ist da nicht zu holen. Das ist wenig
und bei weitem genug für ein ganzes Leben.

Als ich vor einigen Jahren begonnen habe, eine Frömmigkeitspraxis
jenseits einverleibter patriarchalischer Blockaden für möglich zu halten,
war ich zwar noch zu misstrauisch, um mein Warten auf ein kommendes
Besseres von der Tradition formen zu lassen.[6] Dass eine gewöhnliche reformierte Sonntagsliturgie mit Lob, Dank, Klage, Lied, Schuldbekennt-
nis, Schriftlesung und -auslegung, Stille, Fürbitte, Unservater, Mitteilun-
gen und Segen bestimmte wiederkehrende Elemente enthält, war mir
zwar bekannt. Aber bevor ich begreifen konnte, dass in diesen überlieferten Redeformen und Gesten die Weisheit meiner Vorfahrinnen und Vor-
fahren verborgen liegt, die mir den Weg zum guten Dasein zeigen wollen, musste ich die zahllosen Vorstellungen von spiritueller Korrektheit
abstreifen, die sich in mir angesammelt hatten: Wer richtig betet, sitzt
aufrecht, ist anständig angezogen, faltet die Hände, schweift nicht ab,

---

4   Eine Umschreibung für den Namen Gottes im Alten Testament, vgl. Carter,
    Heyward: Und sie rührte sein Kleid an. Eine feministische Theologie der Be-
    ziehung, Stuttgart 1982, 73ff und passim.

5   Für eine prägnante und verständliche Zusammenfassung der Inhalte refor-
    mierter Kirchlichkeit vgl. Jehle, Marianne u. Frank: Kleine St. Galler Refor-
    mationsgeschichte, 3. Aufl., Zürich 2006, 132–136.

6   Vgl. dazu: Praetorius, Ina: Ein weiter Raum. Ansätze sinnerneuernder Praxis
    im ausgehenden Patriarchat, in: Praetorius, Ina: Die Welt: ein Haushalt. Tex-
    te zur theologisch-politischen Neuorientierung, Mainz 2002, 165–169.

schläft nicht ein, konzentriert sich aufs Wesentliche, isst nicht nebenher Schokolade, denkt nicht an sich, sondern nur an die anderen.

Erst allmählich habe ich erkannt, dass es das Vertrauen auf das unbedingte göttliche *inter-esse*[7] war, das mich zur Disziplinlosigkeit und damit zum schrittweisen Abschied von ritueller Gesetzlichkeit befreit hat. Eben dieses Vertrauen auf das unbedingte *ich bin da*[8] bildet – auch wenn es vorerst meist anders benannt wird – ausdrücklich die Mitte der reformierten Tradition. Inzwischen sehe ich eine meiner Aufgaben darin, in meine postpatriarchalische Gegenwart[9] zu übersetzen, was man als «Vater» und «Herrgott» ins Korsett herkömmlicher Bekenntnissprache gesperrt hat, so zu übersetzen, dass es die Seele wieder berührt.

Sicher ist auch in anderen religiösen Gemeinschaften postpatriarchalisches Experimentieren möglich. Aber ich kenne neben der reformierten keine andere Kirche, die mir und allen so ausdrücklich den Auftrag erteilen würde, in persönlicher Gottbezogenheit den jeweils erreichten Status quo zu transformieren. Oder wie sonst soll ich den Satz vom PriesterInnentum aller Gläubigen und von der stets sich erneuernden Kirche – *ecclesia semper reformanda* – verstehen? In dieser Tradition muss ich kein schlechtes Gewissen haben, wenn ich als «eigenwillige … Person … immer wieder das überschreite, was bislang … als rechter Glaube verstanden wurde»[10]. Respektvoll spielerisch, bezogen-frei[11] knüpfe ich an mein Herkommen an und gehe weiter. Dass ich dabei nicht in Sackgassen gerate, dafür sorgt, so hoffe ich, meine Obrigkeit: die gottesdienstliche Gemeinschaft der gläubigen Frauen und Männer.

Spätestens seit Bischöfin Margot Käßmann am 29. Mai 2005 zum Abschluss des dreissigsten Deutschen Evangelischen Kirchentags in Hannover das Abendmahl ausgeteilt hat, weiss ich allerdings, dass das demokratische Verständnis von Obrigkeit mehr sein kann und soll als

---

7   Inter-esse (lat.): Dazwischen-Sein.
8   Ex 3,14 in der Übersetzung Martin Bubers.
9   Vgl. Praetorius, Ina: Zum Ende des Patriarchats. Theologisch-politische Texte im Übergang, Mainz 2000.
10 Günter, Andrea: Die weibliche Hoffnung der Welt. Die Bedeutung des Geborenseins und der Sinn der Geschlechterdifferenz, Gütersloh 2000, 118.
11 Vgl. Praetorius, Ina (Hrsg.): Sich in Beziehung setzen. Zur Weltsicht der Freiheit in Bezogenheit, Königstein/Taunus 2005.

ein antipäpstliches Programm. Demokratie und geistliche Autorität
schliessen einander nicht aus, im Gegenteil: wenn durch eine demokratische Verfassung gesichert ist, dass Autorität nicht in Durchsetzungs-
macht umschlagen kann,[12] ist ihre Entfaltung erst möglich. Dass die
weibliche Verkörperung von Kirchenleitung in der Schweiz, anders als in
meiner lutherischen Heimat, ohne viel Aufhebens vonstatten gegangen
ist, entspricht dem reformierten Verständnis und begeistert mich. Es
zeigt deutlich, dass der Satz von der sich stetig reformierenden Kirche
kein hohles Dogma, sondern gelebte Wirklichkeit ist, die allmählich die
Metaphysik vom ewigen Oben und Unten, vom kontrollierenden höheren Männlichen, dem ein kontrollbedürftiges dienendes Weibliches un-
tergeordnet ist,[13] überwindet. Ich bin zuversichtlich, dass die vielen Frau-
en, die jetzt in kirchlichen Leitungsämtern ihre Erfahrungen sammeln,
wissen, dass sie mehr sein dürfen und mehr sein sollen als Vereinspräsi-
dentinnen: Sie sollen geistkörperliche weibliche Autoritäten sein, gewählt
vom Volk, um die stete Transformation dieser Kirche zum *guten Sinn des
Ganzen*[14] hin, *gottwärts*, sichtbar zu machen.

Aufgehoben in *nährender Bezogenheit* soll ich der Welt treu bleiben,
mein Tagewerk gut machen und «um Gottes Willen etwas Tapferes
tun»[15]. Noch immer wird zwar auch in reformierten Gemeinden viel darüber spekuliert, wie es denn nun genau aussieht, das Jenseits, ob wir
wirklich Auferstehung nach dem Tod erwarten dürfen und ob das Grab
Jesu tatsächlich leer war. Die Herausforderung des Gottvertrauens, das
der Hingabe ans Hier und Jetzt vorausgeht, liegt aber darin, alles Grü-

---

[12] Zum hier vorausgesetzten Verständnis der Begriffe «Macht» und «Autorität»
vgl. DIOTIMA: Jenseits der Gleichheit. Über Macht und die weiblichen
Wurzeln der Autorität, hrsg. u. aus dem Italienischen übers. v. Dorothee
Markert u. Antje Schrupp, Königstein/Taunus 1999.

[13] Vgl. dazu die bis heute wirkmächtige Begründung der zweigeteilten Metaphysik in der «Politik» des Aristoteles: «Endlich verhält sich Männliches und
Weibliches von Natur so zueinander, dass das eine das Bessere, das andere
das Schlechtere und das eine das Herrschende und das andere das Dienende
ist.» (Aristoteles: Politik, übers. u. mit erklärenden Anmerkungen versehen v.
Eugen Rolfes, Hamburg 1981, 10).

[14] Vgl. Praetorius, Ina: Handeln aus der Fülle, 119–122.

[15] Überlieferter Ausspruch von Huldrych Zwingli.

beln über Fragen, die wir nie und nimmer werden beantworten können, sein zu lassen. Und dem *Anderen* anzuvertrauen, das weiter ist als unsere Vernunft: «Befiehl *Gott* deine Wege und hoffe auf *Ihn, Sie* wird's wohl machen.»[16]

Solches Gottvertrauen – das war den Reformatorinnen und Reformatoren noch selbstverständlich – ist auf tägliches Üben angewiesen. Blosse einmalige Einsicht genügt nicht, denn sie ist gefährdet durch Angst, Resignation, Zynismus und viel vermeintliches Besserwissen. Die Notwendigkeit des täglichen Einübens ins vertrauensvolle Nichtwissen entdecken die Reformierten erst neuerdings wieder – nachdem sie sich lange als aufgeklärte Speerspitze des Christentums und denen überlegen gefühlt hatten, welche die geistliche Praxis «noch» nötig haben. Gerade wir, die wir uns nichts vormachen, brauchen aber das tägliche Gebet, um nicht zu verzweifeln oder abzustumpfen. Wie soll es aussehen, jenseits der vergehenden, aber noch wirkmächtigen Vorstellung, dass irgendwo oben ein Mann sitzt, dem wir Unterwerfung schulden, weil er aus Liebe zu uns seinen Sohn geopfert hat, obwohl wir doch so böse sind?

Bei mir geht es inzwischen ungefähr so: Nachdem ich schon am Morgen den Lauf der Dinge – und sei er noch so spannend oder drängend – unterbrochen habe, erwarte ich, was erscheint. Oft zieht, was in der vergangenen Zeit geschehen ist, in mir vorüber. Manchmal stellt sich etwas direkt vor mich hin, das, hätte ich mich der Logik des Alltäglichen überlassen, unbeachtet geblieben wäre: eine Mail will beantwortet, eine Pflanze umgetopft, ein Buch gelesen sein. Das merke ich mir, um es möglichst bald Wirklichkeit werden zu lassen. Dann kommen Lob und Dank, zumindest dafür, dass ich noch da bin, meist für mehr: für das Licht, das Wohlsein meiner Lieben, einen Erfolg. Was zu Klagen Anlass gibt, wird beklagt, oft nur ein Ärger, eine Kränkung, eine Unfähigkeit zu vergeben oder die Unlust am Kommenden. Ich lege das ab, so gut es eben geht.

Manchmal werde ich mir einer konkreten Schuld bewusst, und ich denke daran, dass auch heute wieder tausende von Menschen vor der

---

[16] Nach Paul Gerhardt: «Befiehl du deine Wege» (Gesangbuch der Evangelisch-reformierten Kirchen der deutschsprachigen Schweiz, Basel/Zürich 1998, Nr. 680).

Zeit sterben werden. Ich werde mich nicht daran gewöhnen. Täglich will
vergegenwärtigt sein, dass ich mitschuldig bin, weil ich in derselben Welt
lebe wie diese Menschen und ihren Tod nicht verhindere. Danach bete
ich das *Du im Himmel zwischen uns, geheiligt werde dein Name, dein Reich komme* … Meistens macht das Gebet des Jesus von Nazaret mich frei, mir
die Aufgaben dieses Tages zurechtzulegen. Danach blase ich die Kerze
aus und gehe an die Arbeit. Abends, vor dem Essen, der Telenovela und
den Nachrichten, unterbrechen wir uns noch einmal, in Gemeinschaft.
Ein wenig geordneter geht es dann zu, weil zwei oder mehr Leute sich
aufeinander abstimmen. Lieder kommen dazu, eine Schriftlesung, ge-
meinsame Stille, ausgesprochene Fürbitten, der Segen zum Schluss. Es
sind die schlichten, lebensfreundlichen Elemente des reformierten Gottesdienstes, die meinem Warten allmählich eine Form geben. Es ist ein
postpatriarchalischer Neuanfang mit Tradition, ein inneres Aufräumen.[17]

Am Sonntag gehe ich in den Gottesdienst. Einmal habe ich nach-
gezählt: Über fünfzig Mal wurde *die Liebe*[18] «Er» oder «Herr» genannt.[19]
Die neuen guten Worte sind meistens noch draußen. Trotzdem fühle
ich mich zu Hause. Denn was hier geschieht, habe ich mir anverwandelt.
Die Worte und Gesten sind transparent geworden für das *kommende Andere*. Und manchmal gehe ich in einen Frauengottesdienst. Da wird viel
ausprobiert mit Worten, die mir aus der feministisch-theologischen Literatur vertraut sind, mit Tanz und Szenerie, mit Kreisen und Symbolen.
Auch das ist fremd und gut zugleich.

Die Zuversicht, dass die jahrhundertelang bestenfalls mitgemeinten
Frauen und die Männer, die sich ebenso lang mit dem «Menschen an
sich» verwechselt haben, einander treffen werden in einer sich weiter
transformierenden Kirche, ist gewachsen. Auch die Geduld ist gewachsen. Irgendwann werden die Menschen gut zusammenleben in einer
Welt, in der alle genug zu essen und sauberes Wasser zu trinken haben,
in der sie glücklich sind und einander respektieren in ihrer Verschieden-

---

[17] Vgl. Praetorius, Ina: Handeln aus der Fülle, 76f.
[18] 1 Joh 4,8b.
[19] Vgl. dazu zum Beispiel Nr. 128 im Gesangbuch der Evangelisch-reformierten Kirchen der deutschsprachigen Schweiz, Basel/Zürich 1998.

heit, in der sie täglich neu geboren nähren, was sie nährt: das *Bezugsgewebe menschlicher Angelegenheiten*[20], *den Haushalt Gottes.*[21]

---

[20] Vgl. Arendt, Hannah: Vita Activa oder Vom tätigen Leben, München 1981 (orig. 1958), 171–180 und passim.

[21] Vgl. Praetorius, Ina: Ein weiter Raum, 165–169.

Reformiert – Frauenspiritualität – Kirchenleitung?

Sabine Scheuter

Als reformierte Theologin bin ich selber immer wieder auf der Suche nach einer Spiritualität, die auf die Frage zu antworten versucht: Wie kann ich in meinem Alltag als Frau dem Glauben so Ausdruck verleihen, dass er sich für mich als Quelle der Kraft erschliesst? Ich gehe diesem Thema als reflektierende Beobachterin nach, die auf verschiedenen Ebenen sowohl mit Frauen und ihrer Spiritualität als auch mit Kirchenleitern und -leiterinnen zu tun hat.

Ausgehend von Beobachtungen an einem Treffen der Kirchenleiterinnen reformierter Kirchen der Deutschschweiz auf dem Rügel[1] werde ich die heutige Situation der Frauenspiritualität in der schweizerischen Kirchenlandschaft kurz beschreiben und einige Interpretationen und Reflexionen anfügen. Im dritten Abschnitt komme ich auf das Thema Spiritualität und Kirchenleitung zurück und formuliere dazu einige Gedanken und Empfehlungen.

In den Gesprächsgruppen am Treffen der Kirchenleiterinnen ging es zuerst um das Führungsverständnis. Neben vielen anderen Beobachtungen erschienen den Teilnehmerinnen die Ausbildung und der Erfahrungshintergrund entscheidender als das Geschlecht. Speziell an der Zusammensetzung der Präsidentinnen ist, dass nur wenige von ihnen Theologinnen sind, die anderen aber aus den verschiedensten Bereichen kommen und unterschiedlichste Erfahrungen mitbringen. Verbindend wiederum ist der Erfahrungsschatz, den die meisten als Familienfrauen erworben haben. Die Kompetenz des Multitaskings (viele Aufgaben miteinander im Auge zu haben und erledigen zu können), die Haltung, keine Arbeit zu scheuen. Auch die Neigung, alles selber zu machen, mag von diesem Erfahrungshintergrund geprägt sein.

---

[1] Der Bericht und die Ergebnisse dieses Treffens im Dezember 2006 im Tagungshaus Rügel bei Seengen im Aargau werden in der Einleitung zu diesem Buch von Claudia Bandixen referiert.

Eine andere wichtige Frage dieser Zusammenkunft lautete: Wie steht
es um unsere Spiritualität? Für uns als Kirchenleiterinnen ist sie eine
unserer wichtigsten Ressourcen. Oder sollte es wenigstens sein, gilt sie
doch als Kerngeschäft der Kirchen!

Haben Nichttheologinnen einen unbefangenen Bezug zur Spiritualität? Oder fühlen sie sich unsicher? Sind die Laienfrauen Ausdruck dafür,
dass in der reformierten Tradition das Priestertum aller Gläubigen besonders ernst genommen wird? Oder ist es ein Indiz für das sinkende
Prestige, ja die Überlastung der Pfarrpersonen, dass sie ein solches Amt
in kleinen Landeskirchen nicht mehr übernehmen wollen? Was können
Kirchenleiterinnen für die Spiritualität in ihren Kirchen tun? Wie fliesst
sie in ihre Arbeit ein? Und wie pflegen die Leitungsfrauen ihre eigene
Spiritualität? Die Suche nach Antworten sollte im Zusammenhang mit
einem Buchprojekt weitergeführt werden. Der vorliegende Text ist ein
Beitrag dazu.

1. Frauenspiritualität in der schweizerischen Kirchenlandschaft

In drei Szenen, die ich als Fachfrau für kirchliche Frauenarbeit miterlebt
habe, kommen einige Aspekte zum Thema «Frauen und Spiritualität» zur
Sprache.

1. An einer interreligiösen Gesprächsrunde an der Schweizerischen
Frauensynode diskutierten sechs Frauen, eine Jüdin, eine Muslimin, eine
Buddhistin, eine Hindu, eine Katholikin und eine Reformierte über die
Möglichkeit des Zusammenlebens von Frauen unterschiedlicher religiös-
kultureller Herkunft. Die Frauen erzählten davon, wie sie ihre eigene
Religion im Alltag leben. Die Muslima sprach vom Fasten im Ramadan
und vom gemeinsamen Fastenbrechen, die Jüdin von der Vorbereitung
und Feier des Sabbats, die Hindu von ihrem regelmässigen Pilgerweg zusammen mit ihren Kindern zu einer nahe gelegenen Kapelle. Die Buddhistin berichtet von der Buddhafigur, die sie in ihrer Küche aufgestellt
hatte, damit sie sie dort sieht, wo sie am besten während der Arbeit ihre
Gedanken auf Buddha ausrichten kann. Ihre Tochter hat eine eigene Fi-
gur in ihrem Zimmer stehen, zwischen Bildern von Musikstars und Mo-
dels. Die Schilderungen waren so lebendig, die Kraft der Alltags-Spiritua-
lität so spürbar, dass auf Seiten der christlichen Frauen eine deutliche
Verlegenheit entstand, um nicht zu sagen ein gewisser Neid. Die Chris-

tinnen realisierten mit Bedauern, dass ihnen ähnliche Formen, wie sie
diese Frauen kennen, nicht zur Verfügung stehen. Spiritualität wird am
ehesten im Gottesdienst erlebt, doch im Alltag hat sie kaum einen Ort.

2. An einem regelmässigen Treffen einer Gruppe von Pfarrerinnen wurde vereinbart, an einem Morgen die eigene Spiritualität zum Thema zu
machen. Welches sind die Quellen eurer Kraft?, lautete die Frage, auf die
wir uns vorbereitet hatten. Man kannte sich in dieser Runde, und doch
war ein gewisses Zögern bemerkbar. Über dieses Thema zu sprechen,
waren sich die Frauen nicht gewohnt. Es betraf einen sehr persönlichen,
fast intimen Bereich. Trotz der eigenen Zurückhaltung war das Interesse
spürbar, etwas von den anderen zu hören.

Eine Frau fährt mehrmals im Jahr an einen ganz bestimmt Ort an der
Adria, setzt sich dort auf einen ihr vertrauten Stein. An diesem Ort gelingt es ihr wie sonst nirgends, bei sich zu sein, ihre Kräfte zu konzentrieren, neue Energie zu tanken.

Eine andere erfährt spirituelle Momente beim Singen, ab und zu im
Gottesdienst, manchmal auch in den Ferien, wenn sie Kirchen aufsucht
und dort allein oder zusammen mit ihrem Mann Taizé-Lieder singt.

Eine hat das Malen und das Gestalten von Handpuppen für sich entdeckt. Sie schöpft viel Kraft aus dieser kreativen Arbeit, insbesondere
beim Gestalten von starken Frauenfiguren. Eine farbenfrohe kleine Hexe
liess spürbar werden, welche Energie aus dieser Tätigkeit erwachsen
kann.

Beeindruckend waren die Vielfalt und die Energie, die in den Schilderungen zum Ausdruck kam. Nachdenklich machte es uns alle, wie wenig wir gewohnt waren, über dieses Thema zu sprechen. Die Unsicherheit drückte sich in Fragen aus wie: Was denken wohl die anderen über
etwas, was mir so wichtig ist? Und: Darf man das in einem christlichen
Kontext «Spiritualität» nennen?

3. Eine Veranstaltung zum Thema «Schwester, betest du noch?» hatte
unerwartet viele Teilnehmerinnen angesprochen. Als Referentinnen waren keine bekannten Expertinnen eingeladen, sondern Frauen aus der
Vorbereitungsgruppe schilderten den Weg, den sie mit dem Beten gemacht hatten. Ein Weg, der sie ganz weg – oder wieder hin – zum persönlichen Gebet geführt hatte durch Beten mit Kindern oder allein. Keine war beim Kindergebet stehen geblieben Die meisten hatten Zeiten
des Zweifelns am Beten erlebt, aber fast alle hatten das Beten nicht auf-

gegeben, sondern neue – zum Teil auch alte – Formen gesucht und gefunden. Formen, die wiederum nur für eine bestimmte Zeit richtig sind,
um dann wieder einer neuen Suche Platz zu machen.

Folgende Aspekte sind dem Verhältnis dieser Frauen zu ihrer Spirituali-
tät gemeinsam:
– Sie suchen und leben vielfältige Formen von Spiritualität.
– Für viele ist ihre Art, Spiritualität zu leben, mit vielen Fragen und
  Unsicherheiten verbunden.
– Die Frage, «ist das jetzt richtige Spiritualität, zum Beispiel eine rich-
  tige Art zu beten», können sie für sich selbst wohl mit Ja beantwor-
  ten, sind aber in der Auseinandersetzung mit anderen unsicher.
– Es gibt eine grosse Scheu, über dieses Thema zu sprechen, sogar mit
  vertrauten Personen.

2. Ursachen für die Unsicherheit

Woher kommt diese Unsicherheit? Dazu einige Antwortversuche:
  Rituelle Formen wie Tischgebet oder die Berücksichtigung von Spei-
seregeln sind aus unserem Alltag verschwunden. Sie durchwirken nicht
mehr die Tagesabläufe. Für manche Frauen ist christliche Spiritualität
eng mit der Bibel verknüpft. Sie erwarten Spiritualität nur dort, wo die
Bibel gelesen wird, und verpassen dadurch viele andere spirituelle Momente.
  Vielen reformierten Frauen sind verschiedene Formen von von Frau-
en gelebter spiritueller Praxis verschlossen, weil sie mit der katholischen
Tradition verbunden sind: Kerzen anzünden, Feier von Marienfesten,
Fasten.
  Andere von Frauen gepflegte Formen der Spiritualität sind nicht ge-
nuin christlich. Es sind Praktiken, die dem Christentum vorangingen
oder in anderen Kulturen gepflegt werden, wie Jahreszeitenfeste, Feier
des Mondrhythmus u.s.w. Einige Frauen haben diese neu für sich entdeckt. Andere scheuen sich, einen solchen Weg zu beschreiten, weil sie
Angst haben, damit die christliche Tradition zu verlassen.
  «Richtige Spiritualität» ist für viele Frauen mit hohen Ansprüchen
verbunden. Besonders die buddhistische Tradition wird als ein anstren-
gender Weg zu spiritueller Erfahrung wahrgenommen. Es wird ange-

nommen, dass dies nur mit einem kundigen Meister möglich sei. Ein Umstand, der die Exklusivität dieser Formen weiter erhöht.

Als Verantwortliche für kirchliche Frauenarbeit ist es mein Anliegen, Frauen in ihrer Suche nach Spiritualität zu unterstützen. Einer Spiritualität, die ihnen Quelle der Kraft sein kann für ihren Alltag, ihre Beziehungen, ihre Arbeit, für sie selbst als Berufs- und Privatpersonen. Sie sollen befähigt oder ermutigt werden, die Quellen der Kraft in ihrem eigenen Leben aufzuspüren und zu erweitern.

Sie sollen begleitet werden in ihrem Prozess, sich von Gottes- und Menschenbildern zu befreien, die Frauen in enge Rollen drängen und eine Spiritualität vermitteln, die beispielsweise mit Unterordnung und Körperfeindlichkeit verbunden ist.

Sie sollen ihren Umgang mit Grenzen hinterfragen, die sie sich selber auferlegen oder die ihnen von der Tradition, von der Kirche gesetzt wurden. Wo sind solche Grenzen sinnvoll, weil sie schützen können und vielleicht Identität geben? Wo sind sie einengend, bestimmt von eigenen Ängsten oder fremden Interessen?

3. Reformierte Spiritualität – Suche nach Vorbildern und selbstkritische Haltung

Wie kann speziell die reformierte Tradition uns in unserer spirituellen Suche eine Hilfe sein?

Auf der Suche nach reformierten Frauen, die uns Vorbilder sein könnten, realisierte ich immer wieder, dass die Reformation uns Frauen hier nicht nur gute Dienste geleistet hat.

Grosse Frauen, die Spiritualität gelebt und ihre Erfahrungen auch weitergegeben haben, finden sich vor allem im Mittelalter. Zu nennen sind an dieser Stelle Hildegard von Bingen oder Mystikerinnen wie Mechthild von Magdeburg. Damals gab es Frauen in kirchlichen Führungspositionen in den Klöstern, die sowohl ein intensives spirituelles Leben geführt als auch darüber berichtet haben. Ihre Erfahrungen können wir für uns fruchtbar machen.

Mit der Aufhebung der Klöster hat die Reformation den Frauen gleich zweifach etwas genommen: diese speziellen kirchlichen Führungspositionen und einen Ort, an dem Frauen ihr Leben der Spiritualität widmen konnten.

Die Nonne verschwand, die Pfarrfrau kam, wobei viele Reformatoren diesen Prozess ganz direkt beschleunigten, indem sie eine Ordensfrau heirateten. Als Pfarrfrau war sie so sehr damit beschäftigt, das Pfarrhaus mit all seinen Aufgaben zu führen, dass sie vielleicht noch Zeit für eine eigene spirituelle Praxis, aber kaum noch für die intellektuelle und literarische Auseinandersetzung damit hatte. So ist uns von ihrem spirituellen Leben nur wenig überliefert.

Gewiss gab es auch Ausnahmen. Hierzu zählt Katharina Zell, die Ehefrau des Reformators Matthias Zell von Strassburg, deren soziales und politisches Engagement intensiv mit ihrem religiösen Erleben und Nachdenken verbunden war. Davon sind zahlreiche Zeugnisse erhalten geblieben.

Dann gab es auch noch Antonia von Württemberg, Catharina von Greiffenberg, einige Pietistinnen sowie andere Frauen, die eine inspirierende spirituelle Praxis hatten. Doch wer kennt sie oder ihre Publikationen?

Diese reformierten «Vorbilder» sind praktisch unbekannt. Prägend sind vor allem Frauen, die in den letzten Jahrzehnten gelebt und gewirkt haben, allen voran Dorothee Sölle. Umso wichtiger, dass in letzter Zeit in diese Richtung geforscht wird, die Geschichte auch unbekannte Texte von Frauen ans Tageslicht bringt. Vielleicht können sie wieder Einfluss gewinnen und als Vorbilder zum Leuchten gebracht werden. Bis dahin aber sind Frauen aus der reformierten Tradition zu weit weg, um die aktuelle Spiritualität zu beeinflussen.

Neben dem Mangel an Vorbildern ist eine andere Eigenheit der reformierten Tradition für mich von weitaus grösserer Bedeutung: Da ist einmal das Selbstbewusstsein: Niemand, keine menschliche Instanz hat mir zu sagen, ob ich richtig denke oder glaube, ob meine Art der Spiritualität «die richtige» ist.

Und gleichzeitig die (selbst-)kritische Haltung: Ich muss immer wieder selbst suchen und überprüfen, ob mein Glaube, meine Werte, meine Spiritualität stimmen. Ich prüfe sie mit meinem Verstand und meinem Wissen aber auch mit meinem Gefühl und meinen Sinnen – sogar mit meinem Körperempfinden. Ich tue dies auch in der Auseinandersetzung mit anderen. In diesem Dialog leben wir etwas von dem «semper reformanda», das nicht nur diese Kirche, sondern auch unsere Spiritualität ständig verändert, ja lebendig erhält.

4. Frauenspiritualität in der Kirchenleitung

Zunächst spielen die Faktoren Zeit und Ort ein grosse Rolle. Spiritualität braucht Momente der Ruhe, der Konzentration. Es braucht einen Raum, als Zeit und als Ort, in dem ich für mich selbst sein kann. Ob ich dazu weggehen muss oder ob ich mir einen solchen Ort zu Hause einrichten kann, ob ich ihn im Tages, Wochen- oder Jahresablauf einrichte, kann individuell verschieden sein. Aber ich muss für mich selbst sein können, muss für kurze oder längere Zeit die vielen Ansprüche zurückweisen können. Nur so kann ich wirklich nach innen schauen und spüren, was meine Seele braucht.

Ich muss spüren, was mir gut tut. Die Suche danach sollte für ganz verschiedene Formen offen sein, die zu Ressourcen für mich werden können. Das kann ein Gottesdienst sein, aber auch etwas, das im christlichen Umfeld (noch) keine Tradition hat. Bei Personen, die oft in der Öffentlichkeit stehen, ist dabei die Selbstzensur stark. Es braucht Mut, zur eigenen Form zu stehen, und Kraft, sie gegen Infragestellung von aussen aufrechtzuerhalten. Vielleicht ist es auch angebracht, diese Form zu schützen und für sich zu behalten, was nicht der Kritik von aussen ausgesetzt werden soll.

Spiritualität kann allein gepflegt werden. Sie entfaltet ihre Kraft aber besonders in der Gemeinschaft. Ich erlebe spirituelle Momente immer wieder in Gottesdiensten, meist als Teilnehmerin, manchmal als Leiterin. Wichtig sind mir Feiern mit anderen Frauen, meist im Rahmen von Tagungen oder Kursen: wo uns ein gemeinsames Thema verbindet und die Offenheit und Verbindung unter den Frauen das Erleben von gemeinsamen spirituellen Dimensionen unterstützt.

Kirchenleiterinnen haben die Möglichkeit, reformierte Kirche zu gestalten, Prozesse zu initiieren, Bewegungen zu unterstützen. Sie haben Einfluss darauf, wie die Kirche helfen kann, Menschen auf ihrem spirituellen Weg zu unterstützen. So haben die Beschränkung auf eine bestimmte Praxis und die Ablehnung vieler anderer Formen lange Zeit eine spirituelle Enge statt Freiräume geschaffen. Besonders Frauen litten Jahrhunderte lang unter einer kirchlichen Haltung, die den Körper als Feind und insbesondere die weibliche Sexualität als Bedrohung betrachtete. Die Folge: ein gebrochenes Verhältnis zu ihrem Körper bis in die heutige Zeit hinein.

Im selben Zug hat die reformierte Tradition mit ihrer Konzentration auf das Wort die sinnlichen Aspekte des Religiösen vernachlässigt. Wichtige Dimensionen des Menschseins wie spirituelle Erfahrungen im Schweigen, Sinneserfahrungen und Bilder wurden aus dem religiösen Leben ausgeklammert, zum Teil abgewertet.

Kirchenleiterinnen sind als Frauen besonders sensibilisiert für diese Aspekte der christlichen Tradition. Sie könnten den Weg der Befreiung weiter unterstützen durch einen selbstkritischen Umgang mit der eigenen Tradition, der Menschen hilft, mit ihren Ängsten umzugehen, und darauf ausgerichtet ist, befreiend zu wirken.

Gleichzeitig gilt es, auch in der christlichen Vergangenheit die Kraft der eigenen spirituellen Tradition wieder zu suchen. Vieles, was heute fremde Religionen als spirituelle Quellen attraktiv macht, kann überraschend in der eigenen Tradition entdeckt und fruchtbar gemacht werden.

Anzuführen wären hier die positiven Dimensionen der Leiblichkeit in der Bibel. Oder Frauen, die Vollmacht für sich in Anspruch nahmen und eigene Formen der Spiritualität entwickelten. Es gilt, sie hervorzuholen und einem breiten Kirchenpublikum bekannt zu machen. Kirchenleiterinnen können hier eine wertvolle Brückenfunktion übernehmen: zwischen den Frauen und Männern, die sich in der heutigen Gesellschaft mit ihren multikulturellen Dimensionen bewegen, und der eigenen Tradition, in der sie mit einer kritischen und gleichzeitig wertschätzenden Haltung stehen. Diese Tradition repräsentieren sie als Kirchenleiterinnen sogar ein Stück weit.

Als Kirchenleiterinnen haben sie auch eine wichtige Funktion im Hinblick auf die Werte, welche die Kirche vermittelt und die in ihr gelebt werden sollen. Was oben im Zusammenhang mit dem Führungsstil der Frauen erwähnt wurde, soll hier nochmals genannt werden: Es geht um Transparenz, Ehrlichkeit, Vertrauen, Gerechtigkeit. Aber auch um ein Menschenbild, das auch mit Fehlern und Schwächen rechnet und mit dessen Hilfe diesen «Unzulänglichkeiten» in einem integrativen Sinn umgegangen werden kann.

5. Spiritualität reformiert Kirchenleitung

«Spiritualität ist eine Lebenshaltung, die mit dem Wirken des Geistes rechnet und dieses Wirken sucht.» Der Text, aus dem diese Definition von Herta Leistner stammt, wird im Anschluss an diesen Abschnitt zitiert. Wie würde eine Kirchenleitung aussehen, die mit dem Wirken des Geistes rechnet? Was braucht der Geist, damit er wirken kann?

Ich denke, er braucht vor allem einmal Freiräume. Räume, in denen sich seine Wirkung zeigen, in denen sie sich manifestieren und entfalten kann. Und die sind gar nicht so weit verbreitet in einer Kirchenleitung. Da darf nicht alles schon definiert, dürfen nicht alle Ziele schon gesteckt, nicht alle Umsetzungsmassnahmen bis ins Detail geplant sein.

Es muss Orte und Zeiten geben, da Unvorhergesehenes geschehen kann – ganz konkret in Abläufen und Strukturen, in den Traktandenlisten der Sitzungen und in den Pflichtenheften der Mitarbeitenden. Dies einzuplanen oder eben offen zu lassen, braucht Mut.

In einer Kirchenleitung, die mit dem Wirken des Geistes rechnet, ist Platz für Dialoge, die eine solche Bezeichnung verdienen.

Für Gespräche, bei denen man nicht nur die eigene Position vertritt, sondern wirklich zuhört, seine Meinung einer anderen Meinung aussetzt, bereit sie zu überprüfen. Dies setzt auf beiden Seiten die Haltung voraus, dass der Geist auf der anderen Seite ebenso wirken kann wie bei einem selbst. Das ist nicht einfach, besonders, wenn man die Verantwortung einer Führungsposition trägt. Es braucht Mut, mit dem Wirken des Geistes zu rechnen, oder gar sein Wirken zu suchen.

Was ist Spiritualität?
Eine Annäherung von Herta Leistner[2]

Spiritualität ist eine Lebenshaltung, die mit dem Wirken des Geistes rechnet und dieses Wirken sucht. Diese Suchbewegung geht nach innen: sie ist der Weg in das Innere, die Tiefendimension des Lebens, sie horcht und sucht das Göttliche in der eigenen Tiefe. Und sie geht nach aussen: sie sieht und sucht das Göttliche in der Begegnung mit anderen Menschen und in der Verbundenheit mit allem Lebendigen.

Spirituelle Erfahrung geschieht in einem konkreten sozialen und politischen Kontext. Eine kontextuelle Spiritualität erinnert sich an Gotteserfah-

---

[2] Leistner, Herta: Lass spüren deine Kraft. Feministische Liturgie. Grundlagen. Argumente. Anregungen, Gütersloh 1997, 27f.

rungen in der Vergangenheit und geht achtsam und kritisch mit der eigenen religiösen Tradition um. Sie ist aufmerksam für das Wirken des Göttlichen in der Gegenwart und setzt sich dabei auch den Erfahrungen von Zerstörung, Konflikten und Hoffnungslosigkeit aus [...]

Eine spirituelle Lebenshaltung umfasst die ganze Frau / den ganzen Mann. Sie wird gespeist aus ihrem/seinem kulturellen Kontext, den sozialen Lebensbedingungen, der religiösen Sozialisation und christlichen Tradition, [...] den körperlichen Voraussetzungen und dem Austausch und Zusammenleben mit anderen Frauen, Männern und Kindern. Eine spirituelle Lebenshaltung bezieht den konkreten Kontext mit ein und wirkt auf alle Lebensbereiche, zum Beispiel auf die Lebensform und den Lebensstil, die Beziehungsnetze, den beruflichen und privaten Alltag, das politische Engagement, die Wahrnehmung von Unterschiedlichkeiten der Menschen.

Es gibt Orte, Zeiten und Gemeinschaften, wo Spiritualität erlebt werden kann und die als heilig empfunden und als heilend erfahren werden können [...]

Weil Spiritualität als Lebenshaltung den ganzen Menschen umfasst, findet sie ihren Ausdruck im Alltag, in verändertem Handeln, in Feiern, in liturgischen Vollzügen, in Gemeinschaft. Sei es Singen, Beten, Tanzen, eine Liturgie feiern, ein Ritual entwerfen, persönliche Meditation, ein Gottesdienst, Klage, Lob, Dank, Essen Trinken, Fasten, Kämpfen – all dies wird spirituell ganzheitlich, mit allen Sinnen erlebt. Der Reichtum der Spiritualität offenbart sich, wenn Frauen und Männer ihre Lebens- und Glaubenserfahrungen, die eigenen Kompetenzen in einer liturgischen Feier ausdrücken und zusammentragen. So ermutigen sie einander zu selbständigem religiösem Handeln und entwickeln die Formen und Inhalte ihrer Spiritualität in eigener Vollmacht.

Literaturverzeichnis

Aerne, Peter: «Die dagegensprechenden Argumente sind nur gefühls-mässiger Art und aus der Tradition erwachsen». Der lange Marsch der Frauen ins Pfarramt, in: Argovia 116 (Jahresschrift der Historischen Gesellschaft des Kantons Aargau), Baden 2004, 35–74.

Anderson-Rajkumar, Evangeline: Engendering Leadership. A Christian feminist Perspective from India, in: Stückelberger, Christoph/Mugambi, J.N.K. (Hrsg.): Responsible Leadership, Vol. I Global Perspectives, Nairobi 2005, 126–135.

Archives de Sciences Sociales des Religions 95, 41. Jg., Juli-September 1996, Schwerpunktheft «La Religion: Frein à l'égalité hommes/femmes?».

Arendt, Hannah: Vita Activa oder Vom tätigen Leben, München 1981 (orig. 1958), 171–180 und passim.

Aristoteles: Politik, übersetzt und mit erklärenden Anmerkungen versehen von Eugen Rolfes, Hamburg 1981, 10.

Arthus-Bertrand, Yann: Die Erde von oben Tag für Tag 2, München 2003, 26. April.

van Beek, Huibert: A Handbook of Churches and Councils. Profiles of Ecumenical Relationships, Genf 2006.

Bericht der Aargauer OeME-Fachstellenleiterin Ursula Walti über ihre Begegnungen an der Frauenkonferenz des Reformierten Weltbundes RWB 2005 in Jamaika, in: Neue Wege 11/2005, 370–373.

Bietenhard, Sophia/Dellsperger, Rudolf/Kocher, Hermann/Stoll, Brigitta: Zwischen Macht und Dienst. Beiträge zur Geschichte und Gegenwart von Frauen im kirchlichen Leben der Schweiz, Bern 1991.

Brodbeck, Doris (Hrsg.): Dem Schweigen entronnen. Religiöse Zeugnisse von Frauen des 16. bis 19. Jahrhunderts, Würzburg/Markt Zell 2006.

Brodbeck, Doris: Erwartungen, Experimente, Enttäuschungen. Aufbruchstimmung bei reformierten Frauen im Kanton St. Gallen Ende des 20. Jahrhunderts, in: Brodbeck, Doris u.a.: Neue Frauenbewegung (145. Neujahrsblatt, hrsg. v. Historischen Verein des Kantons St. Gallen), St. Gallen 2005, 57–71.

Brodbeck, Doris: Frauenordination im reformierten Kontext. Beispiele theologischer Argumentation und kirchlicher Praxis, in: Buser, Denise/Loretan, Adrian: Gleichstellung der Geschlechter und die

Kirchen. Ein Beitrag zur menschenrechtlichen und ökumenischen Diskussion, Freiburg 1999, 129–151.

Brodbeck, Doris: Hunger nach Gerechtigkeit. Helene von Mülinen (1850–1924) – eine Wegbereiterin der Frauenemanzipation. Zürich 2000.

Brodbeck, Doris (Hrsg.): Unerhörte Worte. Religiöse Gesellschaftskritik von Frauen im 20. Jahrhundert, Bern/Wettingen 2003.

Brodbeck, Doris/Domhardt, Yvonne/Stofer, Judith (Hrsg.): Siehe, ich schaffe Neues. Aufbrüche von Frauen in Protestantismus, Katholizismus, Christkatholizismus und Judentum, Bern 1998.

Brunner, Ursula: Bananenfrauen, Frauenfeld/Stuttgart/Wien 1999.

Bührig, Marga: Spät habe ich gelernt, gerne Frau zu sein, 2. Aufl., Stuttgart 1999.

Buser, Denise/Loretan, Adrian: Gleichstellung der Geschlechter und die Kirchen. Ein Beitrag zur menschenrechtlichen und ökumenischen Diskussion, Freiburg 1999.

Butting, Klara: Prophetinnen gefragt. Die Bedeutung der Prophetinnen im Kanon aus Tora und Prophetie, Knesebeck 2001.

Camba, Erme R.: Women and men in church leadership, in: Semper Reformada, Studies from the WARC, vol. 31, 1996.

Carter, Heyward: Und sie rührte sein Kleid an. Eine feministische Theologie der Beziehung, Stuttgart 1982, 73ff und passim.

Chung, Meehyun: Introducing Korean Feminist Theology, in: Chung, Meehyun (Hrsg.): Breaking Silence. Theology from Asian Women, India: ISPCK 2006, 77–89.

Diakonisches Werk der EKD (Hrsg.): Gender Mainstreaming in der Diakonie. Fachtagung des Diakonischen Werkes der Evangelischen Kirche in Deutschland e.V. in Kooperation mit der Diakonischen Akademie Deutschland GmbH. 10. und 11. März 2005, Berlin, 1–50.

Diakonisches Werk der EKD (Hrsg.): Schritte auf dem Weg zu mehr Gerechtigkeit für Frauen und Männer. Gender Mainstreaming als Handlungsstrategie der Hauptgeschäftsstelle des Diakonischen Werkes der EKD, Berlin 2003.

Die Bibel, erschlossen und kommentiert von Hubertus Halbfas, Düsseldorf 2001.

Die Mitgliederinnenkirche und das Verschwinden der Männer, Annex, Die Beilage zur Reformierten Presse 4/2004.

Dieterich, Dorothee: Spiritualität im Frauenalltag, in: FAMA 3/1999, 5–7.

DIOTIMA: Jenseits der Gleichheit. Über Macht und die weiblichen Wurzeln der Autorität, hrsg. u. aus dem Italienischen übers. v. Dorothee Markert u. Antje Schrupp, Königstein/Taunus 1999.

Drewermann, Eugen: Kleriker. Psychogramm eines Ideals, 8. Aufl., Olten 1990.

EKD: Mitglieder der Kirchenleitungen in den Gliedkirchen und den Gliedkirchlichen Zusammenschlüssen in der EKD im Jahr 2003. Korrigiertes Ergebnis, 2004, 1–8.

Frauen Macht Geschichte. Frauen- und gleichstellungspolitische Ereignisse in der Schweiz 1848–2000, hrsg. v. der Eidgenössischen Kommission für Frauenfragen, Bern 2001, Veröffentlichung ausschliesslich auf dem Internet.

Gebara, Ivone: Erinnerungen an Zärtlichkeit und Schmerz – Auferstehung vom Alltag des Lebens her denken, in: Sutter Rehmann, Luzia/Bieberstein, Sabine/Metternich, Ulrike (Hrsg.): Sich dem Leben in die Arme werfen. Auferstehungserfahrungen, Gütersloh 2002, 32–53.

Gebara, Ivone: ¿Política femenina, política feminista o simplemente política?, in: Con-spirando 52 (Mujer y Política), April 2006, 12.

Gesangbuch der Evangelisch-reformierten Kirchen der deutschsprachigen Schweiz, Basel/Zürich 1998.

Goulart Duque Estrada, Leciane: A story from Brazil, in: Reformed World 49/1–2, March-June 1999.

Günter, Andrea: Die weibliche Hoffnung der Welt. Die Bedeutung des Geborenseins und der Sinn der Geschlechterdifferenz, Gütersloh 2000, 118.

Haag, Martine: Frauen im Pfarramt gleichgestellt? (Studien und Berichte aus dem Institut für Sozialethik des Schweizerischen Evangelischen Kirchenbundes 55), Bern 1997.

Ivanov, Petra: Fremde Hände, Herisau 2005.

Jäger, Willigis: Kontemplation. Gott begegnen heute, Freiburg 2002.

Jehle, Marianne u. Frank: Kleine St. Galler Reformationsgeschichte, 3. Aufl., Zürich 2006, 132–136.

Jehle-Wildberger, Marianne/Waller, Monika: Geschichte und Gegenwart des Evangelischen Frauenbundes der Schweiz (EFS), in: Bietenhard, Sophia/Dellsperger, Rudolf/Kocher, Hermann/Stoll, Brigitta: Zwischen Macht und Dienst. Beiträge zur Geschichte und Gegenwart von Frauen im kirchlichen Leben der Schweiz, Bern 1991, 183–205.

Kim, Un Heyé: Family leadership and feminist leadership as the feminist Theological Alternative. From the perspective of a Korean Christian woman Salimist, unveröffentlichtes Dokument, vorgestellt auf der Jahreskonferenz von «Globethics», Bangkok 2005.

Kim, Un Heyé: Women leadership in the Korean Salimist Concept, in: Stückelberger, Christoph/Mugambi, J.N.K (Hrsg.): Responsible Leadership, Vol. II, Geneva 2006.

Krieg, Matthias/Zangger-Derron, Gabrielle (Hrsg.): Die Reformierten. Suchbilder einer Identität, Zürich 2002.

Leistner, Herta: Lass spüren deine Kraft. Feministische Liturgie. Grundlagen. Argumente. Anregungen, Gütersloh 1997, 27f.

Lindt-Loosli, Hanni: Von der «Hülfsarbeiterin» zur Pfarrerin. Die bernischen Theologinnen auf dem steinigen Weg zur beruflichen Gleichberechtigung, Bern 2000 (Schriftenreihe des Synodalrates, H. 18).

Luibl, Hans Jürgen: Ukrainische Reformierte: Frauen im Pfarrdienst abgelehnt, in: Reformierte Presse, Nr. 18, 5. Mai 2006, 7.

LWB-Nachrichten vom 15.05.2006: «Lateinamerika: KirchenleiterInnenkonferenz bestimmt Arbeitsaufgaben» (http://www.lutheranworld. org/News/ LWI/DE/1929.DE.html).

MacMaster, Llewellyn: Women and men in church leadership in Africa today, in: Partnership in God's mission. In Africa today, hrsg. v. WARC (Studies from the WARC 28), 1994, 50f.

Mananzan Mary John u.a. (Hrsg.), Women resisting violence. Spirituality for life, Maryknoll (New York) 1996.

McKenzie, Vashti: Not without a struggle. Leadership Development for African American Women in ministry, Cleveland (Ohio) 1996.

Ministerio y poder desde género: buscar un camino común, unveröffentlichtes Dokument der COL 2006.

Monohan, Bridget Marie: Writing, Sharing, Doing. The Circle of Concerned African Women Theologians, Boston 2004, 43.

Njoroge, Nyambura J.: A New Way of Facilitating Leadership. Lessons from African Women Theologians, in: Missiology: An International Review, vol. XXXIII/1, January 2005, 29–46.

Phiri, Isabel/Govinden, Betty/Nadar, Sarojini (Hrsg.) Her-stories. Hidden histories of Women of faith in Africa, Pietermaritzburg 2002.

Praetorius, Ina: Die Welt: ein Haushalt. Texte zur theologisch-politischen Neuorientierung, Mainz 2002.

Praetorius, Ina: Ein weiter Raum. Ansätze sinnerneuernder Praxis im ausgehenden Patriarchat, in: Praetorius, Ina: Die Welt: ein Haushalt. Texte zur theologisch-politischen Neuorientierung, Mainz 2002, 165–169.

Praetorius, Ina: Handeln aus der Fülle. Postpatriarchale Ethik in biblischer Tradition, Gütersloh 2005.

Praetorius, Ina (Hrsg.): Sich in Beziehung setzen. Zur Weltsicht der Freiheit in Bezogenheit, Königstein/Taunus 2005.

Praetorius, Ina: Zum Ende des Patriarchats. Theologisch-politische Texte im Übergang, Mainz 2000.

Reformierte Theologinnen Schweiz (Hrsg.): Beruf Pfarrerin. Persönliche und theoretische Beiträge von reformierten Theologinnen (zum 60-Jahr-Jubiläum 1939–1999 der Reformierten Theologinnen Schweiz), Bern 1999.

Rhinow, René: Ethik und Leadership. Ethik als Basis und Orientierung von Führungspersönlichkeiten, in: Voggensperger, Ruth C. u.a. (Hrsg.): Gutes besser tun. Corporate Governance in Nonprofit-Organisationen, Bern/Stuttgart/Wien 2004, 117–128.

Sa, Mija: Women in the Korean Church. A historical survey, in: Reformed world, vol. 45/1–2, March-June 1995, 1–10.

Schüssler Fiorenza, Elisabeth: Weisheitswege. Eine Einführung in feministische Bibelinterpretation, Stuttgart 2005.

Sheerattan-Bisnauth, Patricia: Creating a vision for partnership of women and men. Evaluation report of regional workshops on gender awareness and leadership development, Geneva 2003.

Steffensky, Fulbert: Vorwort. Ein Gespräch, in: Sölle, Dorothee: Mystik und Widerstand, Hamburg 1997, 13.

Strobel, Regula: Gekreuzigt für uns – zum Heil der Welt? Die christliche Opfertheologie und ihre unheilsamen Folgen, in: Neue Zürcher Zeitung, 220. Jg., Nr. 77 v. 3./4.4.1999, 79 (Nachdruck in: Brodbeck, Doris [Hrsg.]: Unerhörte Worte. Religiöse Gesellschaftskritik von Frauen im 20. Jahrhundert, Bern/Wettingen 2003, 280–286).

Stückelberger, Christoph/Mugambi, J.N.K (Hrsg.): Responsible Leadership, Vol. I Global Perspectives, Nairobi 2005; Vol. II Contextual Perspectives, Geneva 2006.

Sutter Rehmann, Luzia: Vom Mut, genau hinzusehen. Feministisch-befreiungstheologische Interpretationen zur Apokalyptik, Luzern 1998.

Trommer, Heide: Gleichstellung in der Diakonie, hrsg. v. Diakonischen
Werk der EKD, Berlin 2001.

UNDP: Human Development Report 2005. International cooperation at
a crossroads: Aid, trade and security in an unequal world, New York
2005.

Vischer, Lukas/Schenker, Lukas/Dellsperger, Rudolf (Hrsg.): Ökumenische Kirchengeschichte der Schweiz, Freiburg/Basel 1994.

Voggensperger, Ruth: Solidarität mit den Frauen oder gleiche Rechte für
Männer und Frauen, in: Buser, Denise/Loretan, Adrian: Gleichstellung der Geschlechter und die Kirchen. Ein Beitrag zur menschenrechtlichen und ökumenischen Diskussion, Freiburg 1999, 103–128.

Wagner, Juan Carlos: Women and men in church leadership in Latin
America today, in: Partnership in God's mission in the Caribbean and
Latin America (Studies from the WARC 37), 1998.

WARC: The ordination of women in WARC member churches, in: Reformed World 49/1, March-June 1999, 1–18.

WARC: Women in church leadership. Report of workshop held at the
Ecumenical Institute, Bossey, Geneva, Switzerland, 8–15 June 1986.

Wessinger, Catherine (Hrsg.). Religious Institutions and Women's Leadership: New Roles Inside the Mainstream, Columbia (South Carolina) 1996.

Zimmerli-Witschi: Alice, Frauen in der Reformationszeit, Zürich 1981.

Verzeichnis der Autorinnen

Karin Ammann, lic. phil. I/Arbeitspsychologin und Autorin, Inhaberin der Einzelfirma «Time in, Time out», 5000 Aarau.

Doris Brodbeck, Dr. theol., Pfarrerin, Leiterin der Fachstellen für Ökumene, Mission und Entwicklung (OeME) der Evangelisch-reformierten Landeskirchen Schaffhausen und beider Appenzell, 8487 Zell/ZH.

Esther Girsberger, Dr. jur., Publizistin und Dozentin Zürcher Hochschule Winterthur, 8400 Winterthur.

Hella Hoppe, Dr. rer. pol., Beauftragte für Ökonomie, Institut für Theologie und Ethik, Schweizerischer Evangelischer Kirchenbund, 3000 Bern.

Ina Praetorius, Dr. theol., Theologin und Germanistin, freie Autorin, 9630 Wattwil/SG.

Sabine Scheuter, Theologin, Fachfrau für Gendermanagement NDS FH, Fachstelle Frauen und Männer der Evangelisch-reformierten Landeskirche des Kantons Zürich, 8000 Zürich.

Judith Stofer, Theologin, Journalistin BR und Autorin, Mitglied des Presseladens (Bürogemeinschaft freier Journalisten), 8042 Zürich.

Luzia Sutter Rehmann, Dr. theol., Privatdozentin für Neues Testament an der Theologischen Fakultät der Universität Basel, 4051 Basel.

Anne Walder, Juristin, Beauftragte für soziale Fragen und Diakonie, Institut für Theologie und Ethik, Schweizerischer Evangelischer Kirchenbund, 3000 Bern.

Herausgeberinnen, Herausgeber

Claudia Bandixen, Kirchenratspräsidentin der Reformierten Landeskirche Aargau, Initiantin der Tagung der Kirchenpräsidentinnen 2005 auf dem Rügel und dieses Buches, 5000 Aarau.

Silvia Pfeiffer, Vizepräsidentin des Rates des Schweizerischen Evangelischen Kirchenbundes (SEK), Kirchenratspräsidentin der Evangelisch-reformierten Landeskirche Schaffhausen, 8203 Schaffhausen.

Frank Worbs, Theologe, Leiter Kommunikation der Reformierten Landeskirche Aargau, 5000 Aarau.

Fotos

© Margrit Beck, Kleindöttingen